Wechselstempelsteuergesetz.

Guttentag'sche Sammlung
Nr. 5a. Deutscher Reichsgesetze. Nr. 5a.
Text-Ausgaben mit Anmerkungen.

Das Reichsgesetz, betreffend die

Wechselstempelsteuer

nebst den Ausführungsbestimmungen des Bundesrats und den Entscheidungen der höchsten Gerichte und Verwaltungsbehörden.

Text-Ausgabe mit Anmerkungen, einem chronologischen und einem Sach-Register.

Von

P. Loeck,

Regierungsrat, Mitglied der Provinzial-Steuer-Direktion und Vorstand des Stempelsteueramts in Berlin.

Achte vermehrte Auflage.

Berlin 1905.
J. Guttentag, Verlagsbuchhandlung,
G. m. b. H.

Inhaltsverzeichnis.

Abkürzungen.

Abl. der NPV = Amtsblatt der Norddeutschen Postverwaltung.
AGO. = Allg. Gerichtsordnung.
ALR. = Allg. Landrecht.
Anh. = Anhang.
Anm. = Anmerkung.
Bekanntm. = Bekanntmachung.
BGBl. = Bundes-Gesetzblatt.
Beschl. = Beschluß.
BGB. = Bürgerliches Gesetzbuch.
CB. = Central-Blatt der Abgaben-, Gewerbe- und Handels-Gesetzgebung und Verwaltung.
CirkVerf. = Cirkular-Verfügung.
DRA. = Deutscher Reichs- u. Preuß. Staats-Anzeiger.
DStrPrO. = Deutsche Strafprozeßordnung.
Entsch. = Entscheidungen des Ober-Tribunals, des Reichsgerichts in Civilsachen, in Strafsachen.
Erk. des OT = Erkenntnis des Ober-Tribunals.
Erk. des RGer. = Erkenntnis des Reichsgerichts.
FM. = Finanz-Ministerium — FMR. = Reskript desselben — FME. = Erlaß desselben.
GA. = Goltdammer, Archiv für Strafrecht.
Gbl. f. Elsaß-Lothr. = Gesetzblatt für Elsaß-Lothringen.
GS. = Gesetz-Sammlung.
JM = Justiz-Minister — JMBl. = Justiz-Min.-Blatt.

— JMR. = Justiz-Min.-Reskript — JME. = Justiz-Min.-Erlaß.
Kab.O. = Kabinetts-Ordre.
KG. = Kammergericht.
MBl. = Ministerial-Blatt für die gesamte innere Verwaltung.
MdJ. = Minister des Innern.
OR. = Oppenhoff, Rechtsprechung des Ober-Tribunals.
OT. = Ober-Tribunal.
OTE. = Ober-Tribunals-Erkenntnis.
PStD., auch Prov.-St.-Dir. = Provinzial-Steuer-Direktor.
R. = Reskript.
RCBl. = Centralblatt für das Deutsche Reich.
Reg. in F. = Regierung in Frankfurt a. O.
RGBl. = Reichs-Gesetzblatt.
RGE. = Reichsgerichts-Erkenntnis.
RK. = Reichskanzler.
StrA. = Striethorst, Archiv für Rechtsfälle.
WO. = Allgemeine deutsche Wechselordnung.
WStStG = Wechselstempelsteuergesetz.

Gesetz, betreffend die

Wechselstempelsteuer im Norddeutschen Bunde

[jetzt im Deutschen Reich, s. die Note*) unten] v. 10. Juni 1869 (BGBl. S. 193) unter Berücksichtigung der durch das Reichsgesetz vom 4. Juni 1879 getroffenen Abänderungen, nebst den Ausführungs-Bestimmungen des Bundesraths vom 8. März 1901 — RCBl. S. 69 — und Entscheidungen der Verwaltungsbehörden und Gerichte.

Wir **Wilhelm** ꝛc. verordnen im Namen des Norddeutschen Bundes, nach erfolgter Zustimmung des Bundesrathes und des Reichstages, was folgt:

§. 1. Gezogene und eigene Wechsel unterliegen im Gebiete des Norddeutschen Bundes, mit Ausschluß der Hohenzollernschen Lande*), einer nach Vor-

---

*) Das Gesetz gilt jetzt im ganzen Deutschen Reich und zwar: a) im Gebiet des (vormaligen) Norddeutschen Bundes, mit Ausschluß der Hohenzollernschen Lande, seit dem 1. Jan. 70; b) in den Hohenzollernschen Landen seit dem 1. Jan. 71 (BGBl. 70 S 649 vorletzter Abs. u. S. 651 Abs. 1);

schrift dieses Gesetzes zu erhebenden, zur Bundeskasse fließenden Abgabe.

Von der Stempelabgabe befreit bleiben:

1) die vom Auslande auf das Ausland gezogenen, nur im Auslande zahlbaren Wechsel; *)

2) die vom Inlande auf das Ausland gezogenen, nur im Auslande und zwar auf Sicht**) oder spätestens innerhalb zehn Tagen nach dem Tage der Ausstellung zahlbaren Wechsel, sofern sie vom Aussteller direkt in das Ausland remittirt werden.***)

1. Für die Stempelpflichtigkeit eines Wechsels entscheidet nur der Inhalt der Schrift, ohne Rücksicht darauf, ob das Wechselgeschäft zur Ausführung gelangen

---

c) seit dem 1 Jan. 71 im Großherzogtum Baden (BGBl 70 S 647 Art. 80 I 16 u. S. 651 Abs. 1), in dem übrigen, südlich vom Main belegenen Teile des Großherzogtums Hessen (s. ebendaselbst) und im Königreich Württemberg (BGBl. 70 S 654, 657 Nr. 1a); d) seit dem 1. Juli 71 im Königreich Bayern (BGBl. 71 S. 87 §§ 1, 4); e) seit dem 15 Aug. 71 in Elsaß-Lothringen (Ges. v. 14. Juli 71 Art. 1 — GBl. f. Elsaß-Lothr. S. 175).

Das Gesetz ist durch Art. 80 Nr. I 16 der Verfassung des Deutschen Bundes (BGBl. 70 S. 627) zum Gesetze des Deutschen Bundes und durch § 2 des Ges. v 16 April 71 (BGBl. 71 S 68) zum Reichsgesetze erklärt. — Vgl. auch Anh. Anm. 1 Ziff 2.

*) Vgl. Anh. Anm. 1 Ziff 3.

**) Vgl. Anh. Anm. 1 Ziff. 4 litt. a.

***) Vgl. Anh. Anm. 1 Ziff. 4 litt. b.

kann oder nicht. Darum ist auch derjenige Wechsel stempelpflichtig, welcher von einem unter väterlicher Gewalt stehenden Aussteller herrührt, ohne daß dieser Umstand aus dem Wechsel selbst erhellt. Erk. des OT. 18. Mai 59. JMBl. S. 236. CB. S. 154.

2. Eine Wechselunterschrift, die von dem zur Eingehung von Wechselverpflichtungen allgemein Bevollmächtigten unmittelbar und ausschließlich mit dem Namen des Machtgebers vollzogen worden ist, ist gültig. RGE. 14. Jan. 93. Bes. Beil. zum Reichs- und Staatsanz. S. 191. — Ebenso RGE. 12. Dez. 01. Holdh. Monatsschr. 02 S. 87, wo noch gesagt ist, daß § 126 BGB. nicht entgegensteht.

3. a) Gefälschte Wechsel erhalten auch durch Genehmigung keine Wechselkraft. RGE. 18. Juni 04. JW. S. 497.

b) Die abredewidrige Ausfüllung eines Blankoakzepts macht den Wechsel nicht formungültig. RGE. 5. Okt. 03. Holdh. Monatsschr. 04 S. 168.

c) Bleistiftnotizen in einem Wechselformular, insbesondere bezüglich des Verfalltages, sind nur als provisorische anzusehen. RGE. 5. März 04. JW. S. 142. Bleistiftzusätze auf einem vollständig mit Tinte ausgeschriebenen Wechsel sind im Zweifel nicht als Abänderungen des Wechsels, sondern als unverbindliche Notizen anzusehen. RGE. 10. Mai 05. JW. S. 404 (Bankarchiv Nr. 11).

4. Ein postdatierter Datowechsel wird erst mit dem Eintritt des Tages stempelpflichtig, von welchem er datiert ist. Erk. des OT. 27. Mai 65, OR. 6 155: es handelte sich um einen gezogenen, bereits akzeptierten und indossierten, vom 12. Sept. 64 datierten Datowechsel (von da ab in 3 Monaten zahlbar), welcher schon am 8. dess. M. vom Indossatar zur Abstempelung präsentiert, von dem Steuerbeamten jedoch nach protokollarischer Konstatierung des Sachverhältnisses zurückgegeben und demnächst am 10. dess. M. vernichtet wurde. In

den Erk.-Gründen heißt es, daß die WO. im Art. 4 die Angabe des Datums zum wesentlichen Erfordernis eines Wechsels mache, und daß ein postdatierter Wechsel jedenfalls erst mit dem Tage rechtliche Wirkung erlange, von welchem er datiert sei.

5. Ein Wechsel, in welchem vermöge eines Schreibfehlers in der Jahreszahl ein vor dem Datum der Ausstellung liegender Zeitpunkt als Zahlungstag angegeben worden, ist ungültig. Erk. des Reichs-Oberhandelsger. 11. Okt. 70. Gruchot, Beiträge 2c. **15** 46: in dem Wechsel war der 1. Dez. 69 als Tag der Ausstellung und der 15. März dess. J. als Fälligkeitstermin angegeben.

6. Eine als Wechsel bezeichnete Schrift, in deren Eingang Zahlung der Wechselsumme „auf Sicht", an einer anderen Stelle aber Zahlung zur Verfallzeit „ohne vorhergegangene Präsentation" versprochen wird, begründet ebensowenig eine wechselmäßige Verbindlichkeit, RGE. 28. März 88 — Entsch. in Civils. **20** 182 —, weil die in dem Wechsel enthaltenen, einander widersprechenden beiden Sätze zur Folge haben, daß der Wechsel der erforderlichen Bestimmtheit der Zahlungszeit entbehrt — wie ein auf eigene Ordre ausgestellter trockener Wechsel 2c. Erk. des OT. 9. Dez. 58, JMBl. 59 S 58.

Auch liegt eine Wechselerklärung, d. h. eine schriftliche Erklärung, durch welche eine wechselmäßige Verbindlichkeit übernommen wird, nicht vor, wenn auf die Rückseite eines das Verbot der Indossierung enthaltenden eigenen Wechsels ein bloßer Namenszug, um damit Bürgschaft für den Aussteller zu übernehmen, gesetzt wird. RGE. 13. Okt. 90. Entsch. in Straff. **21** 97.

7. Ein ungültiger und der Steuer daher nicht unterworfener Wechsel liegt vor, wenn der Bezogene und der Remittent dieselben Personen sind — ein

Mangel an den in Art. 4 der WO. aufgestellten wesentlichen Erfordernissen. RGE. 28. Mai 87, Entsch. in Civils. **19** 93, oder wenn die Angabe des Remittenten, gleichfalls ein wesentliches Erfordernis eines Wechsels, fehlt. FME. 25. Jan. 94 III 423, ebenso dann, wenn der Wechsel auf mehrere Personen gezogen ist. RGE. 8. Febr. 99. Beil. zum Reichsanz. S. 163, ferner wenn das Wort „Wechsel" nicht im Text, sondern bloß als Überschrift auf dem Papier steht. RGE. 5. Juni 01. Berliner Börsenzeitung Nr. 526. Die nicht als Wechsel angesprochene Urkunde ist aber als ein kaufmännischer Verpflichtungsschein im Sinne des § 363 HGB. angesehen ohne Rücksicht darauf, daß eine Zahlstelle angegeben ist und daß die Ausstellung einer solchen Urkunde beabsichtigt war. (§ 140 BGB.)

8. Von der Forderung des Stempels zu unvollständig gebliebenen Wechseln ist abzusehen. FMR. v. 15. Febr. 76 III 1203. — Vgl. Anm. 2 bei § 16 d G.

9. Die Frage, ob ein im Auslande ausgestelltes Schriftstück ein gültiger Wechsel sei, ist nach den Gesetzen des Auslandes zu beurteilen. Die inländischen Operationen mit einem ausländischen Wechsel unterliegen der Beurteilung nach den inländischen Gesetzen. Art. 85 der WO. Erk. des OT. 17. Juli 58. StrA. 28 361

Nach amerikanischem Rechte ist zur Gültigkeit einer Promissorynote als Wechsel die in diese Urkunde aufzunehmende Benennung derselben als Wechsel nicht erforderlich. Eine in Massachusetts ausgestellte Promissorynote ist, insofern sie den daselbst vorgeschriebenen Erfordernissen entspricht, im Gebiete der Allg. Deutschen Wechselordnung als eigener Wechsel zu behandeln. Erk. des OT. 10. Juli 60; StrA. **37** 399.

10. Ein ausländischer, auf einen Inländer gezogener Wechsel wird durch die Akzeptation des letzteren noch nicht zum inländischen Wechsel; seine Stempelpflichtigkeit kann nur durch den besonders zu führenden Nachweis begründet werden, daß das Akzept im Inlande hinzugefügt worden sei. Erk. des OT. 30. Jan. 61; OR. 1 231. — Vgl. Anm. 4 zu § 15 d. G.

Es besteht keine gesetzliche Vermutung, daß der inländische Akzeptant eines ausländischen auf ihn gezogenen Wechsels denselben in seinem in der Adresse angegebenen Wohnort akzeptiert und hier mit demselben ein Geschäft gemacht habe. Erk. des OT. 25. Okt. 66; OR. 7 574.

11. Die Befreiungsbestimmung im § 1 Nr. 1 des WStStG. ist nicht nur auf gezogene Wechsel im eigentlichen Sinne zu beschränken. sondern umfaßt auch die im Auslande zahlbaren trockenen Wechsel. RGE. 30. Sept. 84 Entsch. i. Straff. 11 109. Hiernach ist im FME. 15. Juli 95 III 10439 bestimmt, daß auch die im Auslande ausgestellten nur im Auslande zahlbaren trockenen Wechsel von der Wechselstempelsteuer befreit sind.

12. Unter „Inland" ist nunmehr das ganze Geltungsgebiet des Gesetzes zu verstehen. Im Gegensatze hierzu sind alle Orte außerhalb des nunmehrigen Geltungsgebiets als „Ausland" anzusehen. FME. 17 Jan. 71 CBl. S 323.

13. Gegenüber der bestimmten Fassung der Nr. 2 des § 1 WStStG würde es unzulässig sein, auch solchen Wechseln die Befreiung von der Stempelabgabe zuzugestehen, welche nicht vom Aussteller direkt in das Ausland remittiert werden, welche vielmehr im Inlande erst durch die Hände eines Käufers, oder vielleicht noch mehrerer, gehen. FME. 9. Mai 77 III 5361.

14. Ein vom Inland auf das Ausland gezogener, im Ausland innerhalb 10 Tagen nach dato zahlbar gestellter und vom Aussteller direkt in das Ausland remittierter Wechsel wird dadurch stempelpflichtig, daß er vom Ausland wiederum nach dem Inland giriert wird und hier in Umlauf kommt. cfr. Verhandlungen des Reichstages I Legislaturperiode Session 1869 zu § 1 S. 709.

§. 2.*) Die Stempelabgabe beträgt:

von einer Summe

von 200 Mark und weniger			0,10 Mark,	
über 200	„ bis	400 Mark	0,20	„
„ 400	„ „	600 „	0,30	„
„ 600	„ „	800 „	0,40	„
„ 800	„ „	1000 „	0,50	„

und von jedem ferneren 1000 Mark der Summe 0,50 Mark mehr, dergestalt, daß jedes angefangene Tausend für voll gerechnet wird.

§. 3.*) Die zum Zwecke der Berechnung der Abgabe vorzunehmende Umrechnung der in einer anderen als der Reichswährung ausgedrückten Summen erfolgt, soweit der Bundesrath nicht für gewisse Währungen allgemein zum Grunde zu legende Mittelwerthe festsetzt und bekannt macht, nach Maßgabe des laufenden Kurses.

Ausf.-B. zu § 3 des Gesetzes.

Umrechnung fremder Währungen.

1. Behufs Umrechnung der in einer anderen als der Reichswährung ausgedrückten Summen sind für die nachstehenden Währungen die dabei bemerkten Mittelwerthe allgemein zu Grunde zu legen:

---

*) Vgl. Anh. Anm. 1 Ziff. 6.

1 Pfund Sterling	=	20,40	Mk.,
1 Frank, Lira, Peseta (Gold), Lëu, finnische Mark	=	0,80	„
1 österreichischer Gulden (Gold)	=	2,00	„
1 österreichischerGulden(Währung)	=	1,70	„
1 österreichisch-ungarische Krone	=	0,85	„
1 Gulden holländischer Währung	=	1,70	„
1 skandinavische Krone . . .	=	1,125	„
1 alter Goldrubel	=	3,20	„
1 Rubel 1 alter Kreditrubel	=	2,16	„
1 türkischer Piaster . . .	=	0,18	„
1 Peso (Gold) . . .	=	4,00	„
1 Dollar	=	4,20	„
1 alter japanischer Goldyen . .	=	4,20	„
1 japanischer Yen	=	2,10	„
1 deutsch - afrikanische oder indische Rupie	=	1,35	„

Diejenigen ausländischen **Währungen**, für welche der **Bundesrat** einen **Mittelwert nicht festgesetzt** hat, sind zum Börsenkurse in die inländische Währung umzurechnen. FME. 9. Febr. 82 III 1490, CB. S. 48.

§. 4. Für die Entrichtung der Abgabe sind der Bundeskasse sämmtliche Personen, welche an dem Umlaufe des Wechsels im Bundesgebiete Theil genommen haben, solidarisch verhaftet.

§. 5. Als Theilnehmer an dem Umlaufe eines Wechsels wird hinsichtlich der Steuerpflichtigkeit angesehen: der Aussteller, jeder Unterzeichner oder Mitunterzeichner eines Acceptes, eines Indossaments oder einer anderen Wechselerklärung, und Jeder, der für eigene oder fremde Rechnung den Wechsel

erwirbt, veräußert, verpfändet oder als Sicherheit annimmt, zur Zahlung präsentirt, Zahlung darauf empfängt oder leistet oder Mangels Zahlung Protest erheben läßt, ohne Unterschied, ob der Name oder die Firma auf den Wechsel gesetzt wird oder nicht.

1. Sobald der Akzeptant dem Aussteller den gezogenen Wechsel zurückgegeben hat, befindet sich derselbe im „Umlaufe" im Sinne des WStStG. §§ 4, 5, auch wenn der Wechsel noch mit keinem Indossament versehen war, und der Aussteller verwirkt die Stempelstrafe, wenn er den Wechsel einklagt und zu diesem Ende ungestempelt dem Gericht einreicht. Erk. des OT. 17. Jan. 72; OR. **13** 50.

2. Wer als Wechselbürge am Umlauf des Wechsels vor der Stempelung Teil nimmt, haftet für den Wechselstempel und verfällt in die Stempelstrafe. Erk. des OT. 1. Dez. 65, JMBl. **66** 20.

3. Die im Wege der Exekution erfolgte Beitreibung der Wechselvaluta begründet für den Zahlenden keine Teilnahme am Umlaufe des Wechsels, weil jene Beitreibung nicht als Zahlung auf den Wechsel im Sinne des § 5 des WStStG. aufgefaßt werden könne. Erk. d. OT. 6. Dez. 76, OR. **17** 794.

4. Auch derjenige, welcher für fremde Rechnung „am Umlaufe eines Wechsels teilnimmt", verwirkt die Strafe der Stempelhinterziehung, wenn er eine bezügliche Handlung vornimmt, ehe der Wechsel versteuert worden. Erk. des OT. 15. Jan. 73; JMBl. S 64: der Kämmerer J. hatte als Rendant einer Sparkasse Darlehne gegen Wechsel gegeben, später die letzteren zur Zahlung präsentiert und die Rückzahlung in Empfang genommen, ohne daß die Wechsel versteuert waren; strafbar war er nach § 5 WStStG, weil er, gleichviel ob für eigene oder fremde Rechnung, unversteuerte Wechsel zur Zahlung vorgezeigt, auch weil er Zahlung darauf empfangen hat. Vgl. Anm. 6 zu § 16 d. G.

5. Bei der Verfolgung des Extrahenten eines Protestes ist der Nachweis, daß derselbe eine rechtliche Beziehung zu dem Wechsel gehabt habe, nicht erforderlich. Erk. des OT. 7. Nov. 73 GA. **21** 579; in den Erk.-Gründen heißt es u. a.: In den tatsächlichen Feststellungen der Instanzrichter ist der Angeklagte als „Inhaber" des Wechsels bezeichnet, und diese Feststellung in Verbindung mit der weiteren Feststellung, daß Angeklagter die Protesterhebung nicht lediglich als Bote des D. extrahiert habe, genügt zur Anwendung des Strafgesetzes. Nach § 4 des WStStG. sind für die Entrichtung der Abgabe sämtliche Personen, welche an dem Umlaufe des Wechsels teilgenommen haben, solidarisch verhaftet, und nach § 5 wird als Teilnehmer an dem Umlaufe eines Wechsels hinsichtlich der Stempelpflichtigkeit u. a. jeder angesehen, der für eigene oder fremde Rechnung mangels Zahlung Protest erheben läßt, ohne Unterschied, ob der Name der Firma auf den Wechsel gesetzt wird oder nicht. Hierdurch wird die Behauptung der Nichtigkeitsbeschwerde, daß, gegenüber dem Strafgesetze, irgend eine rechtliche Beziehung der betreffenden Person zu dem Wechsel vorausgesetzt sei, widerlegt. Es genügt vielmehr vollkommen eine rechtliche Beziehung zu der Person des Wechseleigentümers oder sonstigen Wechselberechtigten. Indem die Instanzrichter eine solche Beziehung als unzweifelhaft annehmen und die Tatsache, daß der Angeklagte den Protest für eigene oder fremde Rechnung habe erheben lassen, bejahen, ohne sich gerade bestimmt für eine oder die andere der beiden Alternativen zu entscheiden, haben sie die Strafanwendung ausreichend begründet. Vgl Anm. 4 bei § 7 d. G.

6. Der Rechtsanwalt, der auf Grund einer

einfachen Protestvollmacht Auftrag gibt, den Wechsel dem Schuldner zur Zahlung vorzulegen und Protest zu erheben, ist nicht als „Teilnehmer“ am Umlaufe des Wechsels oder als „Inhaber“ desselben im Sinne der §§ 5, 11 des WStStG. anzusehen und unterliegt daher nicht den Strafbestimmungen §§ 4—12 dieses Ges. RGE. 16. April 85. Entsch. i. Straff. 12 145.

In den Entscheidungsgründen wird ausgeführt: Als Inhaber des Wechsels im Sinne des Wechselstempelges. erscheine nicht jede Person, welche den Wechsel in ihrem Besitz hat, sondern nur derjenige, der nach § 5 des Ges. als Teilnehmer an dem Umlaufe eines Wechsels anzusehen ist. Der Umstand, daß jemand einen Wechsel für eigene oder fremde Rechnung zur Zahlung präsentiert oder mangels Zahlung Protest erheben läßt, könne nach § 5 a. a. O. allerdings genügen, um diese Person als Teilnehmer am Umlaufe des Wechsels erscheinen zu lassen; allein dies sei nur dann der Fall, wenn diese Person, obgleich für fremde Rechnung, doch in eigenem Namen auftritt, bzw. die in § 5 vorgesehenen wechselrechtlichen Handlungen vornimmt 2c. Die Eigenschaft als Inhaber des Wechsels im Sinne der §§ 6, 11 des Ges. komme ihm nur dann zu, wenn er in eigenem Namen eine der im § 5 vorgesehenen wechselrechtlichen Handlungen vornimmt, insbesondere, wenn er nicht durch einfache Vollmacht, sondern durch ein diese enthaltendes Inkassoindossament in den Besitz des Wechsels gelangt ist und in seiner Eigenschaft als Indossatar den Wechsel zur Zahlung vorgelegt 2c. Vgl. Anm. 3 bei § 11 d. G.

7. Wegen der an einem Wechsel etwa begangenen Steuerkontravention kann ein Strafverfahren gegen die den Wechselprotest von Amtswegen veranlassenden Postbeamten nicht eingeleitet werden. Cirk.-R. des FM. 27. Juli 75 III 10266.

8. Alle Wechsel, vermittelst deren fremde Post- und Telegraphen-Verwaltungen die diesseitigen Guthaben aus den General-Abrechnungen berichtigen, müssen, soweit dieselben nach den Bestimmungen des Stempelgesetzes stempelpflichtig sind, mithin auch solche, bei denen nur der Fiskus an dem Umlaufe beteiligt ist, mit dem gesetzlichen Wechselstempelsteuerbetrage durch Verwendung der entsprechenden Stempelmarken versteuert werden. Soweit die solchergestalt entrichteten Wechselstempelsteuerbeträge von den Interessenten nicht eingezogen werden können, sind sie bei den Fonds der Telegraphenverwaltung zu verausgaben. Verfügung des Präsidenten des Staatsministeriums v. 5. Dez. 67 an d. Telegraphendirektion in Berlin, mitgeteilt durch FMR. v. 22. dess. M. CB. **68** 89

§. 6. Die Entrichtung der Stempelabgabe muß erfolgen, ehe ein inländischer Wechsel von dem Aussteller, ein ausländischer Wechsel von dem ersten inländischen Inhaber (§. 5) aus den Händen gegeben wird.*)

1. Nur der zeitliche Inhaber des Wechsels kann die erforderliche Stempelmarke wirksam verwenden. Dazu genügt es nicht, wenn der Inhaber eine von einem Vormann regelrecht aufgeklebte, aber nicht mit dem Kassationsvermerk versehene Stempelmarke seinerseits nachträglich kassiert. Erk. d. OT. 25. Juni 74. OR. **15** 451; Erk.-Gründe: das WStStG. bestimme zwar nicht mit ausdrücklichen Worten, wer zur formgerechten Kassierung der Stempelmarken legitimiert sei, allein indem es im § 6 sage: „die Entrichtung &c." setze es mit der Notwendigkeit bei seinen Vorschriften über die Verwendung der Marken voraus, daß der Aus-

---

*) Vgl. Anh. Anm. 1 Ziff. 7 litt. a.

steller bezw. Inhaber des Wechsels im Sinne des § 5 es sei, welcher die Marke verwende, wie denn auch die Bekanntmachung des Bundeskanzlers v. 18. Dez. 69 — jetzt AusfBest. 4 ff. bei §§ 13 u. 14 d. G. — davon ausgehe, daß der Inhaber die Marke aufklebe ꝛc. — Vgl. Anm. 10 zu § 14 d. G.

Dem Erfordernisse der Stempelverwendung ist nicht genügt, wenn die Kassierung durch eine andere, als die durch das Gesetz zurzeit dazu verpflichteten Personen bewirkt ist. Erk. d. OT. 20 Nov. 74, OR. 15 805.

2. Es ist nicht notwendig, daß die Verwendung der Stempelmarke zu dem zu versteuernden Wechsel durch die Hand des steuerpflichtigen Wechselinhabers selbst vollzogen werden müßte. Wird zwecks Vornahme der zur Markenverwendung erforderlichen Manipulationen ein Wechsel vom Aussteller einem andern zeitweilig anvertraut, so ist das kein „aus den Händen geben" i. S. des § 6. Mit letzterem Ausdruck hat das Gesetz nur ein solches Aushändigen treffen wollen, welches dazu dient, den Wechsel „in Umlauf zu bringen" oder sonst „Geschäfte damit zu machen", überhaupt also einen wechselrechtlich oder außerwechselrechtlich (§ 5 d. G.) bedeutsamen Akt vorzunehmen. Ein Aushändigen in diesem Sinne liegt aber in einem Hingeben des Wechsels an einen andern, welches nach der beiderseitigen Willensmeinung ausschließlich zu dem Zweck erfolgt, damit der andere an Stelle des Hingebenden die Verwendung der Stempelmarke ausführe und sodann den gestempelten Wechsel zurückgebe, offensichtlich nicht vor. Daran würde unter der angegebenen Voraussetzung auch nichts geändert erscheinen, wenn der andere identisch wäre mit dem künftigen Remittenten des Wechsels. Vorliegend war der andere ein Kassenbeamter des Vereins, dem der Wechsel gegen Empfang eines Darlehns zur Sicherheit

übergeben werden sollte. RGE. 7. Okt. 98. Entsch. in StrS. **31** 274.

3. Vom Standpunkte der Steuerverwaltung kann die Art und Weise, in welcher die Gesellschaft die Versteuerung der Sicherheitswechsel ihrer Aktionäre nach der Versicherung der Direktion bewirkt, für zulässig erachtet werden. Es läßt sich anerkennen, daß dem Remittenten (hier der Gesellschaft) das Recht zusteht, den gesetzlichen Stempel schon zu den vom Aussteller noch nicht unterschriebenen Formularen zu entrichten und zu diesem Behufe die von ihm — dem Remittenten — aufgeklebten Marken mit seinem eigenen Namen, oder unter seiner eigenen Firma, im voraus vorschriftsmäßig zu kassieren. Dagegen ist aber nicht außer Acht zu lassen, daß aus der Gleichheit der Daten des Kassationsvermerks in den Marken einerseits und der Ausstellung, beziehungsweise der Unterschrift des Wechselausstellers andererseits, für den letzteren insofern leicht Weiterungen entstehen können, als nicht mehr erhellt, ob die vom Remittenten mit seinem Namen 2c. versehene und kassierte Marke sich bereits vor der Unterschrift des Ausstellers auf dem Formular des Wechsels befunden hat, oder ob der Remittent die Kassation der Marken erst nach der Unterschrift des Ausstellers und weil der letztere seiner eigenen gesetzlichen Verpflichtung nicht nachgekommen war, bewirkt hatte. Die Gerichte werden vielfach die Überzeugung nicht gewinnen, daß die auf den Wechseln befindlichen Marken vor der Unterschrift des Ausstellers aufgeklebt worden, wenn der Kassationsvermerk — was bezüglich der hier am Orte ausgestellten Wechsel die Regel bildet — dasselbe Datum trägt, wie der Wechsel selbst. Es bleibt der Erwägung der Direktion überlassen, ob es angängig sein mag, den Hergang der Versteuerung in allen Fällen durch die Daten, resp. der Kassation der Marken und der Ausstellung der Wechsel auch äußerlich erkennbar zu machen FMR. 29. April 75 III 5846.

4. Der Inhaber eines Wechsels, zu welchem nicht in vorschriftsmäßiger Weise die erforderlichen Stempelmarken verwendet sind, verwirkt die Stempelstrafe, wenn er denselben in dem gedachten Zustande bei Gericht einreicht. Erk. des OT. 18. Juni 73. OR. 14 443. — Vgl. Anm. 2 zu § 11 d. G.

5. Nach der tatsächlichen Feststellung des Berufungsrichters hat der Angeklagte als Prokurist der Firma N. N. ein mit dem Datum des 9. Okt. 91, der Wechselsumme von 4348 Mark und dem Tage der Fälligkeit dem 10. Jan. 02 versehenes Wechselblankett, nachdem der Zimmermeister X. sein Akzept darauf gesetzt hatte, nach Ergänzung des Vordrucks „an die Ordre" durch die Worte „von mir selbst" als Aussteller mit der Unterschrift „pp. N. N." versehen und diesen Wechsel einige Tage vor der Fälligkeit dem Akzeptanten gegen Akzeptation eines neuen Prolongationswechsels zurückgegeben. Auch X. hat den Wechsel nicht mit der vorgeschriebenen Stempelmarke versehen.

Mit Recht ist der Angeklagte auf Grund dieser tatsächlichen Feststellung wegen Wechselstempelhinterziehung zu der im § 15 des WStStG. angedrohten Strafe verurteilt. Als Aussteller des Wechsels war der Angeklagte nach §§ 4 und 5 a. a. O. und insbesondere nach § 6 zur Entrichtung der Stempelabgabe verpflichtet, ehe er den Wechsel aus den Händen gab. Zwar war nach §§ 7 und 11 zunächst der Akzeptant X. zur Besteuerung verpflichtet. Da dieser aber der Verpflichtung nicht nachkam, so ging nach § 11 a. a. O. die Verpflichtung auf den Angeklagten als Aussteller über. Der Umstand, daß der Wechsel, als ihn X. aus den Händen gab, noch kein vollständiger war, indem ihm die Unterschrift des Ausstellers fehlte, befreite X. nach § 16 nicht von der Stempelpflicht, denn für diese Pflicht ist der schließlich vollständige Wechsel maßgebend. Auch ist dem Berufungsrichter darin beizutreten, daß der An geklagte durch die Rückgabe des Wechsels an den Akzeptanten gegen einen neuen von X. akzeptierten Prolongationswechsel denselben im Sinne des Wechselstempelsteuergesetzes „aus den Händen gegeben" hat. Die Rückgabe war die Folge eines neuen Rechtsgeschäfts, nach dem gegen Aushändigung des früheren Wechsels ein Prolongationswechsel als Grundlage des jetzigen Schuldverhältnisses akzeptiert wurde, und damit war der Umlauf des alten Wechsels beendet und der äußerste Zeitpunkt für die Versteuerung durch den Angeklagten gegeben (vgl. Urteil des Reichsgerichts v. 20. Sept 86 Rechtspr. 8 545). Erk. des Kammerger. v. 23. März 96. — Vgl. Anm. 6 zu § 16 d. G

§. 7. Dem Aussteller eines inländischen Wechsels und dem ersten inländischen Inhaber eines ausländischen Wechsels ist gestattet, den mit einem inländischen Indossament noch nicht versehenen Wechsel vor Entrichtung der Stempelabgabe lediglich zum Zwecke der Annahme zu versenden und zur Annahme zu präsentiren.*) Der Acceptant eines unversteuerten Wechsels ist verpflichtet, vor der Rückgabe oder jeder anderweiten Aushändigung des Wechsels die Versteuerung desselben zu bewirken.**)

Wird jedoch ein nicht zum Umlauf im Bundesgebiet bestimmtes Exemplar eines in mehreren Exemplaren ausgefertigten Wechsels zur Einholung des Acceptes benutzt, so bleibt der Acceptant von der Verpflichtung zur Versteuerung befreit, wenn

*) Vgl. Anh. Anm 1 Ziff. 7 litt. a.
**) Vgl. Anh. Anm 1 Ziff. 7 litt. b.

die Rückseite des acceptirten Exemplars vor der Rückgabe dergestalt durchkreuzt wird, daß dadurch die weitere Benutzung desselben zum Indossiren ausgeschlossen wird.

1. Derjenige, welcher einen von ihm akzeptierten Wechsel aus den Händen gibt, bevor die Stempelverwendung in vorgeschriebener Weise stattgefunden, verwirkt die Strafe. Erk. des OT. v. 11. Dez. 72. OR. **13** 650.

2. Die vom Aussteller und Indossanten bewirkte Bestempelung eines ohne Stempel vom Akzeptanten zurückgegebenen Wechsels auf den Namen des letzteren ist wirkungslos. Erk. des OT. 28. Febr. 79. OR. **20** 117.

3. Zwischen Akzeptanten und Trassanten war vereinbart, daß der vom Trassanten noch nicht unterschriebene Wechsel vom Trassanten erst nach dem Versprechen des Vorschußvereins, ihn zu diskontieren, versteuert und dann unterschrieben werden sollte. Es hat demgemäß Trassant, nachdem ihm der Vorschußverein Zahlung versprochen, die Stempelmarke auf den Wechsel kleben lassen und dann den Wechsel als Aussteller unterschrieben und an den Vorschußverein begeben.

Hiermit war gegen die Vorschrift des § 7 Abs. 1 Satz 2 WStStG. gehandelt, denn die hier ausgesprochene Verpflichtung trifft im Hinblick auf § 16 den Akzeptanten eines unvollständigen Wechsels ebenso wie den eines vollständigen. Der Akzeptant war hiernach verpflichtet, die Versteuerung des Akzepts zu bewirken, bevor er dasselbe an den Trassanten aushändigte. RGE. 9. Juni 03. — Vgl. Anm. 5 bei § 15 d. G.

4. In Übergabe eines Wechsels an den Gerichtsvollzieher behufs Präsentation und Protesterhebung mangels Annahme des Wechsels ist nicht ein „aus den Händen geben des Wechsels" im Sinne des § 7 des WStStG. zu finden.

Die Protesterhebung ist kein „aus den Händen geben" des Wechsels im Sinne einer, der Präsentation zur Annahme selbständig gegenüber stehenden materiellen Verfügung über den Wechsel. Im § 18 der WO., wo der Wechselinhaber für berechtigt erklärt wird, den Wechsel dem Bezogenen sofort zur Annahme zu präsentieren und in Ermangelung der Annahme Protest erheben zu lassen, erscheint die Protesterhebung lediglich als ein Teil des Präsentationsaktes, wie denn der Protest selbst nur einen nach den Vorschriften des § 88 der WO. hergestellten formellen Beweis über die erfolglose Präsentation zur Annahme darstellt. Wenn daher der angeführte § 7 in Ausnahme von der Regel des § 6, wonach die Entrichtung der Stempelabgabe erfolgen muß, ehe der Wechsel aus den Händen gegeben wird, dem Aussteller gestattet, den Wechsel vor Entrichtung der Stempelabgabe lediglich zum Zwecke der Annahme zu versenden und zur Annahme zu präsentieren, so ist damit von selbst auch gestattet, bei Versendung eines Wechsels zum Zweck der Annahme mit dem Auftrage, ihn zur Annahme zu präsentieren, den weiteren Auftrag zu verbinden, im Falle der Nichtannahme den Beweis der erfolglos vorgenommenen Präsentation zur Annahme durch Aufnahme einer Protesturkunde herzustellen. RGE. 9. Dez. 86. — Vgl. Anm. 5 und 6 bei § 5 d. G.

5. In einem Spezialfalle, in welchem die Prima eines vom Auslande auf das Inland gezogenen, im Auslande domizilierten Wechsels dem Bezogenen durch einen Korrespondenten, nicht durch einen Indossatar, vorgelegt und dieselbe sodann von dem Bezogenen angenommen und nach Durchkreuzung der Rückseite unversteuert zurückgegeben wurde, war zweifelhaft geworden, ob dies Verfahren zulässig sei Der Bundesrat hat in

seiner Sitzung vom 13. Okt. d. J. (§ 333 der Protokolle) sich mit der von dem Ausschusse vorgetragenen Ansicht dahin einverstanden erklärt, daß derartige, vom Ausland auf das Inland gezogene, im Auslande domizilierte Wechsel, nach erfolgtem Akzepte, auch wenn ein Umlauf derselben im Inlande nicht stattfindet, nach § 7 des WStStG. der Stempelsteuer unterliegen. FME. 3. Nov. 75. EBl. S. 21 v. J. 76.

§. 8. Wird derselbe Wechsel in mehreren, im Kontexte als Prima, Sekunda, Tertia u. s. w. bezeichneten Exemplaren ausgefertigt, so ist unter diesen dasjenige zu versteuern, welches zum Umlaufe bestimmt ist.*)

§. 9. Außerdem unterliegt der Versteuerung jedes Exemplar, auf welches eine Wechselerklärung**) — mit Ausnahme des Acceptes und der Nothadressen — gesetzt ist, die nicht auf einem nach Vorschrift dieses Gesetzes versteuerten Exemplare sich befindet.***) Die Versteuerung muß erfolgen, ehe das betreffende Exemplar von dem Aussteller der die Stempelpflichtigkeit begründenden Wechselerklärung, oder, wenn letztere im Auslande abgegeben ist, von dem ersten inländischen Inhaber aus den Händen gegeben wird.

Soll ein unversteuertes Wechselduplikat ohne Auslieferung eines versteuerten Exemplars des-

*) Vgl. Anh. Anm. 1 Ziff. 9 Abs. 1.
**) Vgl. Anh. Anm. 1 Ziff. 9 litt. a.
***) Vgl. Anh. Anm. 1 Ziff. 9 litt. a und Abs. 2.

selben Wechsels bezahlt oder Mangels Zahlung protestirt werden, so ist die Versteuerung desselben zu bewirken, ehe die Zahlung oder Protestaufnahme stattfindet.*)

Der Beweis des Vorhandenseins eines versteuerten Wechselduplikates oder des Einwandes, daß die auf ein unversteuertes Exemplar gesetzte Wechselerklärung auf einem versteuerten Duplikate abgegeben sei, oder daß bei Bezahlung eines unversteuerten Duplikates auch ein versteuertes Exemplar ausgeliefert sei, liegt demjenigen ob, welcher wegen unterlassener Versteuerung eines Wechselexemplars in Anspruch genommen wird.

§. 10. Die Bestimmungen im § 9 finden gleichmäßig auf Wechselabschriften Anwendung, welche mit einem Original-Indossamente, oder mit einer anderen urschriftlichen Wechselerklärung versehen sind. Jede solche Abschrift wird hinsichtlich der Besteuerung einem Duplikate desselben Wechsels gleichgeachtet.

§. 11. Ist die in den §§. 6 bis 10 vorgeschriebene Versteuerung eines Wechsels, eines Wechselduplikates oder einer Wechselabschrift unterlassen, so ist der nächste, und, so lange die Versteuerung nicht bewirkt ist, auch jeder fernere inländische Inhaber verpflichtet, den Wechsel zu versteuern, ehe er den-

*) Vgl Anh. Anm. 1 Ziff 9 litt. b

selben auf der Vorder- oder Rückseite unterzeichnet, veräußert, verpfändet, zur Zahlung präsentirt, Zahlung darauf empfängt oder leistet, eine Quittung darauf setzt, Mangels Zahlung Protest erheben läßt oder den Wechsel aus den Händen giebt.*) Auf die von den Vordermännern verwirkten Strafen hat die Entrichtung der Abgabe durch einen späteren Inhaber**) keinen Einfluß.

1. Erk. des OT 18. Juni 78. JMBl. S. 133: a) Der Erwerber eines ungestempelten Wechsels ist zwar nach §§ 4 und 5 des WStStG. als Teilnehmer an dem Umlaufe desselben ohne weiteres für den Stempel mit verhaftet, unterliegt aber einer Strafe wegen der unterlassenen Stempelung nicht eher, als bis er seinerseits eine der im § 11 bezeichneten Verfügungen in betreff des Wechsels vornimmt.

b) Im Sinne dieses § 11 ist unter einer auf den Wechsel geleisteten Zahlung eine auf die Wechselschuld, also seitens eines Wechselschuldners oder für denselben geleistete Zahlung, nicht aber eine die wechselmäßige Verpflichtung gar nicht berührende Zahlung der Valuta von seiten des Indossatars an den Indossanten zu verstehen.

2. Wenn der Aussteller eines ihm vom Akzeptanten unversteuert zurückgegebenen Wechsels im Verlaufe eines zwischen ihm und dem Akzeptanten entstandenen Rechtsstreits zum Beweise einer Behauptung den Wechsel dem Prozeßgericht als Beweismittel vorlegt, so ist darin ein „Aus den Händen geben" des Wechsels nicht zu erblicken. Denn hierunter ist nicht jeder

*) Vgl. Anh. Anm. 1 Ziff. 8 und Anm. 4 Abs. 1.

**) Vgl. Anh. Anm. 1 Ziff. 6 Abs. 2 und Ziff 8 Abs. 4.

mechanische Aushändigungsakt, sondern ein solcher zu verstehen, welcher einen Teil des Wechselumlaufs bildet. (Vgl. Meves, G. über Wechselstempelsteuer 24 Note 2.)

Dagegen ist die Versteuerungspflicht in dem Zeitpunkte eingetreten, als noch vor der Fälligkeit des Wechsels der Akzeptant dem Aussteller ein Paar Pferde verkaufte und dabei ausdrücklich vereinbarte, daß die Wechselforderung in voller Höhe gegen den Kaufpreis aufgerechnet, ersterer also für getilgt gelten solle. Das Gesetz erwähnt zwar diesen Fall der Realisierung unter den § 11 aufgezählten Fällen ausdrücklich nicht, sondern bezeichnet u. a. die Versteuerungspflicht in der Person des späteren Inhabers als eingetreten: wenn er Zahlung auf den Wechsel empfängt. Indessen erscheint es nicht geboten, unter der hier erwähnten „Zahlung" lediglich Barzahlung zu verstehen, vielmehr fällt darunter auch die Deckung des Wechsels in anderer Form, mithin auch durch Aufrechnung der Wechselforderung mit einer Gegenforderung des Wechselschuldners, zumal dadurch beide Forderungen, soweit sich deren Betrag gleichkommt, erlöschen. Urteil des Oberlandesgerichts Dresden vom 27. Febr. 96. Goltdammer Archiv **44** 282. — Vgl. Anm. 4 zu § 6 d. G.

3. Der Angeklagte hatte als Remittent eines Wechsels letzteren dem Rechtsanwalt N. unversteuert ausgehändigt, damit dieser seine Rechte aus dem Wechsel bei der Einziehung wahrnehme. Das Kammergericht hat als Revisionsinstanz in der Hingabe des Wechsels seitens des Wechselgebers an seinen Bevollmächtigen, zumal dieses nach den Feststellungen des Vorderrichters nicht mit dem Auftrage erfolgt ist, vorerst die Wechselstempelung zu bewirken, obwohl der Rechtsanwalt letztere tatsächlich vorgenommen hat, ein „Aus den Händen geben" im Sinne des § 11 des WStStG erblickt. Urteil vom 15. Okt. 94. — Vgl. Anm. 6 bei § 5 d. G.

4. Das Reichsgericht hat in einem Urteil vom 28. Jan. 4 Febr. 97 (CBl. S 83) ausgesprochen:

a) Die beim Erwerb von Wechseln als Valuta gezahlten Beträge sind nicht Zahlungen auf die eigentliche Wechselschuld, also nicht Zahlungen auf die Wechsel im Sinne des § 11 des WStStG.

b) Ein „Aus den Händen geben" der Wechsel im Sinne des § 11 des WStStG liegt auch dann vor, wenn die Wechsel in zerschnittenem und daher nicht mehr umlaufsfähigen Zustand an den Wechselverpflichteten zurückgegeben werden.

5. Erk. des RG. 20. Sept. 86. Entsch. i. Straf. **14**:

a) Die Aufdrückung des Firmenstempels auf der Vorderseite eines vom Schuldner erhaltenen Solawechsels ist, wenn ihr sonst eine für den Umlauf des Wechsels rechtliche Bedeutung nicht zukommt, als eine „Unterzeichnung" im Sinne des § 11 des WStStG nicht aufzufassen.

b) Dagegen liegt ein „Aus den Händen geben" im Sinne dieser Gesetzesstelle vor, wenn der Wechselinhaber den nicht in Umlauf gesetzten Solawechsel an den Aussteller in Folge weiterer Rechtsvereinbarung zurückgibt.

c) Bei einem von einer Firma erworbenen Wechsel ist für die Erfüllung der Stempelflicht stets der Firmeninhaber strafrechtlich verantwortlich, ohne Rücksicht darauf, ob er an der fraglichen Unterlassungshandlung persönlich beteiligt oder hieran verhindert war. — Vgl. Anm. 9 zu § 15 d. G.

6. Ein bloßes Vorzeigen gilt nicht als ein „Aus den Händen geben" im Sinne der §§ 6 u. 11 des Gesetzes. RGS. 11 Dez. 02. CBl. S. 106 von 03. Entsch. in StrS **36** 33.

Mit den Worten „aus den Händen geben" hat das Gesetz in den §§ 6 und 11 ein Aushändigen treffen wollen, welches dazu dient, den Wechsel in Umlauf zu bringen oder sonst Geschäfte damit zu machen, überhaupt also einen wechselrechtlich oder außerwechselrechtlich bedeutsamen Akt vorzunehmen, der den Zweck hat, die Realisierung des Wechselanspruchs herbeizuführen. Gleichgültig ist dabei, ob der Akt unter die im § 5 d. G. aufgezählten Handlungen fällt oder nicht. Die Worte „oder aus den Händen gibt“ in § 11 sind nicht bloß auf diejenigen Handlungen zu beziehen, welche § 5 aufzählt.

Werden die Wechsel dem Konkursverwalter nur vorgezeigt sein, so läge hierin weder ein „Zur Zahlung präsentieren“, noch ein „Aus den Händen geben.“ Würden sie ihm dagegen ausgefolgt, zeitweilig überlassen zu dem Zweck, ihm die Prüfung der Echtheit usw. behufs Anerkennung entweder der Wechsel selbst oder der Kontokurrentforderung der Witwe K. zu ermöglichen, so würde hierin allerdings ein „Aus den Händen geben“ ebenso anzunehmen sein, als wenn die Wechsel zu den Konkursakten eingereicht worden wären.

§. 12. Der Verwahrer eines zum Accepte versandten unversteuerten Wechselexemplars wird, wenn er dasselbe gegen Vorlegung eines nicht versteuerten Exemplars (oder einer nicht versteuerten Kopie) desselben Wechsels ausliefert, für die Stempelabgabe verhaftet und verfällt, wenn dieselbe nicht entrichtet wird, in die im §. 15 bestimmte Strafe.*)

§. 13. Die Verpflichtung zur Entrichtung der Stempelabgabe wird erfüllt:

1) durch Ausstellung des Wechsels auf einem mit dem erforderlichen Bundesstempel versehenen Blanket,

*) Vgl. Anh. Anm. 1 Ziff. 8 Abs. 5.

oder

2) durch Verwendung der erforderlichen Bundesstempelmarke auf dem Wechsel, wenn hierbei die von dem Bundesrathe erlassenen und bekannt gemachten Vorschriften über die Art und Weise der Verwendung beobachtet worden sind.

§. 14. Stempelmarken, welche nicht in der vorgeschriebenen Weise verwendet worden sind, werden als nicht verwendet angesehen.

Ausf.-B. zu §§ 13 und 14 des Gesetzes.

Art und Vertrieb der Stempelzeichen.

2. Zum Zwecke der Entrichtung der Abgabe werden Stempelmarken über 0,10, 0,20, 0,30, 0,40, 0,50, 1,00, 1,50, 2,00, 2,50, 3,00, 3,50, 4,00, 4,50, 5,00, 10,00, 15,00, 20,00, 25,00, 30,00 und 50,00 Mark und gestempelte Wechselvordrucke (Blankets) über 0,10 Mark ausgegeben. Die Verwendung aus solchen Vordrucken entfernter Stempelzeichen wird als eine Entrichtung der Abgabe nicht angesehen.

Die Marken haben die Form eines liegenden Rechtecks. Im Betrage von 0,10 bis 0,50 Mark sind sie in grüner, im Betrage von 1 bis 5 Mark in blauer Farbe hergestellt. In der linken oberen Ecke dieser Marken befindet sich ein Schild mit dem Reichsadler, von welchem sich nach rechts ein in zwei Enden auslaufendes Band mit der Inschrift: „Deutscher Wechsel-Stempel“ zieht. Die Marken im Betrage von 10 bis 50 Mark sind in grüner und roter Farbe hergestellt; sie sind mit dem Reichsadler und über dem letzteren sowie mehrfach am Rande mit der erwähnten Inschrift versehen. Ausser der in schwarzer Farbe hergestellten Bezeichnung des Steuerbetrags und der entsprechenden Wechselsumme enthalten sämmtliche Marken den Vordruck: „den" zur Anbringung des Entwerthungsvermerkes gleichfalls in schwarzer Farbe.

Die Wechselvordrucke tragen einen mit Verzierungen umgebenen Stempel in grüner Farbe, welcher, abgesehen von dem fehlenden Vordrucke für den Entwerthungsvermerk, dem Muster der Wechselstempelmarken entspricht.

3. Der Vertrieb der Wechselstempelmarken und gestempelten Vordrucke erfolgt durch die Postanstalten. Wechselstempelmarken zum Werthe von 10, 20 und 30 Pfennig werden bei allen Postämtern und bei denjenigen sonstigen Poststellen, bei welchen sich ein Bedürfniss hierfür herausstellt, verkauft. Die Verkaufsstellen für Wechselstempelmarken von höherem Werthe und für gestempelte Vordrucke werden nach den örtlichen Verhältnissen bestimmt und zur öffentlichen Kenntniss gebracht.

Entwerthung der Marken.

4. Die Marken sind auf der Rückseite der Urkunde und zwar, wenn die Rückseite noch unbeschrieben ist, unmittelbar an einem Rande dieser Seite, anderenfalls unmittelbar unter dem letzten Vermerk (Indossament usw.) auf einer mit Buchstaben oder Ziffern nicht beschriebenen oder bedruckten Stelle aufzukleben.

Es ist gestattet, zur Entrichtung der Abgabe mehrere, zusammen den erforderlichen Betrag darstellende, Wechselstempelmarken zu verwenden. Ferner ist es zulässig, bei Ausstellung des Wechsels auf einem gestempelten Vordrucke den an dem vollen gesetzlichen Betrage der Abgabe etwa noch fehlenden Theil durch vorschriftsmässig auf der Rückseite zu verwendende Stempelmarken zu ergänzen.

Kommen zur Entrichtung der Abgabe mehrere Marken zur Verwendung, so sind sie an dem gewählten Rande zunächst neben einander aufzukleben; reicht der hierzu zur Verfügung stehende Raum nicht mehr aus, so sind die weiteren Marken unmittelbar unter den bereits angebrachten aufzukleben.

5. In jeder einzelnen der aufgeklebten Marken muss Tag, Monat und Jahr der Verwendung der Marke auf dem Wechsel, und zwar der Tag und das Jahr mit arabischen Ziffern, der Monat mit Buchstaben mittelst deutlicher Schriftzeichen ohne jede Auskratzung, Durchstreichung oder Ueberschreibung an der durch den Vordruck bezeichneten Stelle niedergeschrieben werden. Auch kann der Verwendungsvermerk auf der Marke ganz oder theilweise mittelst der Schreibmaschine oder durch Stempelaufdruck hergestellt werden; in diesem Falle braucht der Vermerk nicht an der durch den Vordruck bezeichneten Stelle zu stehen.

Allgemein übliche und verständliche Abkürzungen der Monatsbezeichnung mit Buchstaben sowie die Weglassung der beiden ersten Zahlen der Jahresbezeichnung sind zulässig (z. B. 29. Okt. 05, 13. Sept. 13). Auch ist es gestattet, dem Verwendungsvermerke die Firma oder den Namen des Verwendenden ganz oder theilweise hinzuzufügen.

Bei Verwendung eines gestempelten Wechselvordrucks bedürfen nur die etwa aufgeklebten

Ergänzungsmarken, nicht auch der eingedruckte Werthstempel der Entwerthung.

6. Das erste inländische Indossament, welches auf die Rückseite eines Wechsels gesetzt wird, oder der erste sonstige inländische Vermerk ist — abgesehen von dem Falle der Steuerentrichtung durch Verwendung eines den ganzen gesetzlich fälligen Betrag darstellenden Wechselvordrucks — unterhalb der zur Entrichtung der Abgabe entwertheten Wechselstempelmarken niederzuschreiben, widrigenfalls die letztere dem Niederschreiber dieses Indossaments oder Vermerkes und dessen Nachmännern gegenüber als nicht verwendet gilt. Es dürfen jedoch die Vermerke „ohne Protest“, „ohne Kosten“ neben der Marke niedergeschrieben werden.

Dem inländischen Inhaber, welcher aus Versehen sein Indossament auf den Wechsel gesetzt hat, bevor er eine Marke aufgeklebt hatte, ist gestattet, vor der Weitergabe des Wechsels unter Durchstreichung dieses Indossaments die erforderlichen Marken unter dem letzteren aufzukleben.

7. Die Bestimmung des § 14 des Gesetzes, wonach nicht in der vorgeschriebenen Weise verwendete Stempelmarken als nicht verwendet anzusehen sind, soll nicht eine Doppelversteuerung zur Folge haben, sondern es soll dadurch nur der Thatbestand einer nach § 15 zu ahndenden Zuwiderhandlung festgestellt werden. Abgesehen von der etwa erforderlich werdenden Einleitung des Strafverfahrens bedarf es daher nur einer nachträglichen Entwerthung der Stempelmarke durch Aufdruck des Amtsstempels der Steuerbehörde. Dasselbe gilt für den Fall, dass die Marke an unrichtiger Stelle aufgeklebt ist. Die

Beibringung neuer Stempelmarken ist nur dann zu fordern, wenn aus der unrichtigen Art der Entwerthung der Stempelmarken, z. B. aus der unrichtigen Zeitangabe, die Möglichkeit sich ergiebt, dass die Marken schon früher zu einem anderen Wechsel gebraucht worden sind. Doch steht es in jedem Falle der unrichtigen Entwerthung einer Marke dem späteren Inhaber des Wechsels frei, um sich und seine Nachmänner vor den Folgen dieser Entwerthung zu schützen, eine neue Marke vorschriftsmässig zu verwenden.

1. Die Entrichtung des Wechselstempels kann nur durch Niederschreiben des Wechsels auf einem gestempelten Blankei oder durch Aufkleben einer Stempelmarke, nicht aber durch Aufkleben eines aus einem Blanket ausgeschnittenen Stempels geschehen (S. Ausf.B. 2 Abs. 1). — OTE. 27. März 77, EBl. S. 262.

2. Durch die Verabsäumung der für die Kassierung der verwendeten Wechselstempelmarke vorgeschriebenen selbst später wieder aufgehobenen Förmlichkeiten wird die Hinterziehungsstrafe verwirkt, selbst wenn dabei eine Benachteiligung des Steuerinteresses schlechthin ausgeschlossen war und lediglich ein Versehen obwaltete. Erk. des OT. 27. Nov. 73. OR. **14** 759 u. 11. Juni 74 ebenda **15** 396. — Vgl. Anm. 1 zu § 15 d. G.

3. Wenn der Kassierungsvermerk auf einer Wechselstempelmarke ein Mehr, als nach der Bekanntm. des Reichskanzlers v. 16. Juli 81 — jetzt Ausf.-B. 4 ff. zu § 14 d. G. — zur Entwertung der Marke erforderlich ist, insbesondere außer dem vorschriftsmäßig eingeschriebenen Datum die Anfangsbuchstaben des Wohnortes und des Namens bezw. der Firma des Kassierenden enthält, ist die Marke doch als giltig verwendet anzusehen, sofern nur die Deutlichkeit des Vermerkes und die Wertbezeichnung der Marke durch

die unnötigen Zusätze nicht beeinträchtigt werden. FME. 4. Nov. 81 III 14600.

4. Eine Wechselstempelmarke, welche nicht an der vorschriftsmäßigen Stelle aufgeklebt ist, gilt als nicht verwendet. Erk. des OT. 13. Sept. 71. OR. **12** 442. So ist dem Erfordernisse der Stempelverwendung nicht genügt, wenn die Marke nicht unter, sondern über ein auf dem Wechsel befindliches Blanko-Giro aufgeklebt wird. (S. Ausf.B. 6). Erk. des OT. 20. Nov. 74. OR. **15** 805.

5. In einem Falle endete die Unterschrift, hinter welcher die Stempelmarke aufzukleben war, mit einem Schlußschwunge, der ziemlich senkrecht nach unten und etwas nach links sich wendet, so daß von dem linken Rande des Wechsels noch ein breiter Raum frei blieb. Die Stempelmarke war auf dem Raume unterhalb des Schlußschwunges aufgeklebt. Das vom Angeklagten angefochtene Urteil nimmt an, daß diese Stempelmarke unmittelbar unter die Unterschrift und neben den Schlußschwung hätte geklebt werden sollen, und gelangt so zur Verurteilung des Angeklagten wegen Wechselstempelsteuerhinterziehung. Die Revision ist verworfen. Dem Schlußschwunge sei für die Frage, ob die Marke unmittelbar unter den Buchstaben der letzten Unterschrift oder erst unter dem Schlußschwunge anzubringen sei, eine entscheidende Bedeutung nur dann beizumessen, wenn der Schwung den Zwischenraum derartig decke, daß durch ihn zum mindesten die Anbringung eines weiteren Vermerks zwischen Unterschrift und Marke ausgeschlossen erscheine, falls die Marke erst unter dem Schlußschwunge angebracht wird. Lasse dagegen, wie hier, der Schlußschwung direkt unter den Buchstaben der Unterschrift so viel Raum frei, daß bequem noch andere Vermerke eingeschoben werden können, wenn die Marke erst unterhalb des Anlaufes des Schlußschwunges angebracht wird, so entspreche es dem Zwecke der Vorschrift, wenn die Vorinstanzen verlangen, daß die Marke ohne Rücksicht auf den seitlich sich herabziehenden Schlußschwung in dem direkt unterhalb der Buchstaben der letzten Unterschrift befindlichen freien Raume anzubringen sei. RGE. 3. Dez. 94. JW. 95 S. 99. Beil. zum Reichsanz. 95 S. 59.

6. Wo bei Indossierung eines Wechsels der Unterschrift des Indossaments das Dienstsiegel beigedrückt wird, scheint letzteres zur Unterschrift zu gehören und somit einen, wenn auch nicht gerade notwendigen, Bestandteil der Wechselerklärung zu bilden. Die Wechselerklärung (der Vermerk) schließt daher erst mit dem Dienstsiegel und unter diesem dürften mithin auch erst die erforderlichen Wechselstempelmarken aufzukleben sein. Vfg. d. PStD. zu B. v. 4. Nov. 94.

7. Die Verwendung einer mit einem unrichtigen Datum versehenen Stempelmarke ist nicht als eine vorschriftsmäßige anzusehen. Erk. des OT. 18. Okt. 71. OR. **12** 515.

8. Mit der Aufschrift des Datums der Verwendung gilt die Stempelmarke als verwendet; eine demnächstige Ablösung vom Wechselformular, wenn dieses auch noch nicht ausgefüllt und durch Unterschrift zu einer Urkunde geworden ist, und Verwendung zu einem andern ist nach § 276 StrGB. auch dann strafbar, wenn der fragliche Wechsel, von dem die Marke nach ihrer Verwendung abgelöst ist, nachher nicht in Umlauf gesetzt wird. Daß bei der weiteren nochmaligen Verwendung das niedergeschriebene Datum unverändert blieb, ist rechtlich belanglos. RG. 28. April 04. Entsch. in StrS. **37** 152.

9. Die Tatsache, daß ein Wechsel mit der gesetzlichen Stempelmarke wirklich versehen ist, genügt nicht, um die Strafbarkeit späterer Teilnehmer an dessen Umlaufe auszuschließen, wenn derjenige, welcher die Marke verwendet hat, dies

nicht in der vorgeschriebenen Weise getan hat. Erk. des OT. 20. Juni 77. CB. S. 285.

10. Nur der zeitliche Inhaber des Wechsels und auch dieser nur rechtzeitig, nachdem er Inhaber im Sinne des Gesetzes geworden ist, kann die erforderliche Stempelmarke wirksam verwenden. Durch eine von demselben bewirkte verfrühte Verstempelung des noch nicht vollständig ausgefüllten Wechselformulars wird dem Erfordernis der Stempelung nicht genügt. Entsch. des Kammerger. v. 11. Juli 92. GA. **40** 201. — Vgl. Anm. 1 u. 2 zu § 6 d. G.

11. Den Inhaber eines Wechsels, zu welchem der erforderliche Stempel in nicht vorschriftsmäßiger Weise verwendet worden, macht es nicht straflos, wenn er bei Weitergebung des Wechsels in Unkenntnis der bei der Stempelverwendung vorgekommenen Vorschriftswidrigkeiten handelte. Erk. des OT. 1. Okt. 75. OR. **16** 624. — Vgl. Anm. 2 zu § 15 d. G.

§. 15. Die Nichterfüllung der Verpflichtung zur Entrichtung der Stempelabgabe wird mit einer Geldbuße bestraft, welche dem funfzigfachen Betrage der hinterzogenen Abgabe*) gleichkommt.

Diese Strafe ist besonders und ganz zu entrichten von Jedem, welcher der nach den §§. 4—12 ihm obliegenden Verpflichtung zur Entrichtung der Stempelabgabe nicht rechtzeitig**) genügt hat, ingleichen von inländischen Maklern und Unterhändlern, welche wissentlich unversteuerte Wechsel verhandelt haben.

*) Vgl. Anh. Anm. 1 Ziff. 6 und Anm. 4 Abs. 1.
**) Vgl. Anh. Anm. 1 Ziff. 7.

Die Verwandlung einer Geldbuße, zu deren Zahlung der Verpflichtete unvermögend ist, in eine Freiheitsstrafe findet nicht statt. Auch darf zur Beitreibung von Geldbußen ohne Zustimmung des Verurtheilten, insofern dieser ein Inländer ist, kein Grundstück subhastirt werden.

1. Der Tatbestand strafbarer Wechselsteuerhinterziehung erfüllt sich lediglich durch die Tatsache der Nichtbeachtung der für die Entrichtung der Steuer gegebenen gesetzlichen Vorschriften, gleichviel ob solche Unterlassung eine bewußte, eine fahrlässige oder nicht fahrlässige ist. Auch die Kenntnis der Steuerpflicht gehört nicht zu diesem Tatbestande, und es ist rechtlich gleichgültig, ob die Unkenntnis der Steuerpflicht auf verschuldetem oder unverschuldetem Irrtum beruht. RGE. 20. Nov. 82. Entsch. i. Straff. 7 240. Es ist rechtlich ohne Belang, wenn auch ein dritter die Verstempelung des Wechsels infolge irgend einer Erklärung oder irgend eines Vertretungsverhältnisses übernommen haben sollte, sofern der dritte das Aufkleben nicht vorschriftsmäßig besorgt hat. RGE. 23. April 08. JW. S. 358. Vgl. Anm. 2 zu § 14 d. G.

2. Der Akzeptant eines mit der erforderlichen Stempelmarke versehenen Wechsels haftet nicht dafür, daß die betreffende Marke eine bereits anderweitig verwendete war, sobald er von dieser Tatsache keine Kenntnis hatte. Erk. des OT. 26 Okt. 75. OR. 16 690; Erk.-Gründe: der Appell.-Richter habe tatsächlich festgestellt, daß die Angeklagten aus der äußeren Erscheinung der zu dem fraglichen Wechsel verwendeten Stempelmarken deren früheren Gebrauch und dadurch eingetretene Entwertung nicht hätten erkennen können und ihnen eine Fahrlässigkeit in dieser Beziehung nicht zur Last falle, sowie daß die Angeklagten das unter

den vorliegenden Umständen ganz gerechtfertigte positive Bewußtsein von der bereits vollständig und richtig durch den Aussteller geschehenen Versteuerung des Wechsels gehabt hätten; das WStStG. schließe die Anwendung des bei allen strafbaren Handlungen geltenden § 59 des Strafgesetzbuches nicht aus; § 15 des ersteren sei daher nur von einer nach allgemeinen strafrechtlichen Prinzipien zu rechnenden Nichterfüllung der gesetzlichen Vorschriften zu verstehen, und der in der Rechtsprechung des Ober-Tribunals stets festgehaltene Satz: daß bei Steuervergehen die Strafbarkeit weder durch die Absicht einer Steuerhinterziehung, noch durch das Bewußtsein der Rechtswidrigkeit des Verhaltens bedingt sei, beziehe sich nicht auf solche Fälle, in welchen der Täter, ohne daß ihm eine Fahrlässigkeit zur Last falle, sich in Unkenntnis der Tatsachen, welche die Steuerpflicht begründen, befunden habe. — Vgl. Anm. 3 zu § 14 d. G. auch unter Anm. 4 letzter Abs.

3. Durch die Vorlegung eines nicht vorschriftsmäßig versteuerten Wechsels zum Zwecke der Diskontierung bei einem Bankhause wird noch keine Wechselstempelkontravention begangen; zu dem Tatbestande der letzteren ist vielmehr die Aushändigung des Wechsels von seiten des Inhabers und die Besitzergreifung seitens des Bankhauses erforderlich. FMR. 20. Dez. 90. III. 14090.

4. Das Reichsgericht hat im Urteil vom 25. April 99 — Entsch. in StrS. **32** 180 — über die Pflicht zur Entrichtung der Stempelabgabe, wenn der auf das Ausland gezogene, nur im Auslande zahlbare Wechsel einen ausländischen Platz als Ort der Ausstellung angibt, tatsächlich aber im Inlande ausgestellt ist, und über die strafrechtliche Verantwortlichkeit des Abgabepflichtigen, der die zum gesetzlichen Tatbestande der Hinterziehung gehörenden Umstände nicht kennt, sich ausgelassen:

Der von M. in K. in Rußland angenommene, „K. den 18. Januar 1895" datierte in K. zahlbare Wechsel über 600 M. ist von den Akzeptanten mit ihrem Akzept versehen, aber unter Offenlassung des Raums für die Unterschrift des Trassanten an den Maschinenfabrikanten F. in C. gesandt, von diesen in C. als Trassant unterschrieben und giriert worden, dann im ferneren Umlauf auch an die Bergbaugewerkschaft in O. gelangt, und vom Angeklagten als deren Direktor mittelst Indossaments weiter begeben worden, ohne daß ein deutscher Wechselstempel auf demselben verwendet worden war. Dem Angeklagten ist zugegeben, daß er der Meinung gewesen ist, der Wechsel sei in K. in Rußland ausgestellt und als sogenannter Transitwechsel steuerfrei. Er ist trotzdem der Hinterziehung der Wechselstempelsteuer schuldig erklärt worden.

Zunächst ist, so führt das Revisionsgericht aus, die Ansicht fehlsam, daß dem Umstande ein Gewicht nicht beizulegen sei, an welchem Orte der Wechsel vom Aussteller unterschrieben worden ist, und daß durch den Inhalt des Wechsels die Annahme widerlegt werde, daß er vom Inlande aus gezogen sei. Das WStStG. bestimmt in § 1 Abs. 2 Nr. 1, daß von der Stempelabgabe befreit bleiben die vom Auslande auf das Ausland gezogenen, nur im Auslande zahlbaren Wechsel, und statuiert damit eine Ausnahme von dem allgemeinen Grundsatze des Abs. 1, wonach gezogene und eigene Wechsel im Gebiete des Deutschen Reichs einer Abgabe unterliegen. Es ist davon auszugehen, daß diese Befreiung von der Abgabepflicht nur für den Fall zugebilligt werden soll, daß der Wechsel wirklich den dort aufgestellten Erfordernissen entspricht, also wirklich ein sogenannter transitierender Wechsel ist, nicht aber schon dann, wenn nur fälschlich ein Ort im Auslande als Ausstellungsort genannt, die Ausstellung des Wechsels aber tatsächlich im Inlande erfolgt ist. Die Annahme, daß lediglich der Inhalt des Wechseltextes in dieser Richtung entscheidend sein solle, würde der Hinterziehung der Stempelabgabe bei im Inlande auf das Ausland gezogenen, im Auslande zahlbaren Wechseln, die im Inlande umlaufen, Tür und Tor öffnen.

Daraus, daß die Angabe des Ortes der Ausstellung ein wesentliches Erfordernis eines gezogenen Wechsels ist, folgt nur, daß in dem Wechsel ein Ausstellungsort angegeben sein muß, nicht, daß die falsche Angabe des Ausstellungsortes die formelle Gültigkeit des Wechsels als solchen beeinträchtigt.

Der Berufungsrichter hat daher ohne Rechtsirrtum auf die erwiesene Tatsache, daß die Unterschrift des Ausstellers entgegen dem Inhalt des Wechseltextes in C. erfolgt ist, Gewicht gelegt, danach die Eigenschaften desselben als Transitwechsel verneint und angenommen, daß der Wechsel in Deutschland stempelpflichtig ist.

Es kann sich dann nur noch fragen, ob der Umstand, daß der Angeklagte, als er den Wechsel durch Indossament unversteuert weiter gab, der Meinung gewesen ist, derselbe sei in K. in Rußland ausgestellt und daher als Transitwechsel steuerfrei, seine strafrechtliche Haftung ausschließen kann.

Der § 15 des WStStG. stellt die Nichterfüllung der Verpflichtung zur Entrichtung der Stempelabgabe schlechthin unter Strafe, ohne in subjektiver Beziehung einen strafbaren Vorsatz oder eine schuldhafte Fahrlässigkeit zu erfordern; er ahndet die Nichtbeobachtung der gesetzlichen Verpflichtung an sich als strafbare Abgabenhinterziehung. Ob der Einzelne mit der Absicht der Steuerhinterziehung oder auch nur mit dem Bewußtsein der Rechtswidrigkeit seines Verhaltens oder in schuldhafter Fahrlässigkeit gehandelt hat oder nicht, ist demnach rechtlich bedeutungslos. Die in § 15 des angezogenen Gesetzes mit Strafe bedrohte Abgabenhinterziehung ist ein sogenanntes Formaldelikt, und bei solchen kommt auch auf die Kenntnis des Täters von den zum gesetzlichen Tatbestande gehörigen Umständen nichts an. — Vgl. Anm. 10 zu § 1 u. Anm. 5 zu § 7 d. G.

5. A. hat „als Generalbevollmächtigter" seiner Ehefrau, der Inhaberin der Firma B., in deren Kontor ein Wechselformular über 800 Mk. ausfüllen und dabei die genannte Firma als Gezogene bezeichnen lassen. Darauf hat er das Formular mit dem Akzeptvermerk versehen. Zwei Tage später hat sich ein Gläubiger der Firma, dessen Forderung durch den Wechsel beglichen werden sollte, das Papier geholt; er setzte seine Unterschrift als Aussteller darunter und klebte noch an demselben Tage, „wie ihn der Angeklagte schon früher ersucht hatte, die Stempelmarke auf den Wechsel". Das RG. hat im Erk. v. 31. Jan. 05, Entsch. in StrS. **37** 374 ausgeführt, daß der Angeklagte gegen § 15 Abs. 2 WStStG. verstoßen hat, weil er ein nicht ausgefülltes Wechselformular mit seinem Annahmevermerk versehen und danach ungestempelt aus den Händen gegeben hat, obwohl der Aussteller den Stempel bei der Vollziehung seiner Unterschrift verwendet hat. Nach § 16 WStStG. kann sich der Angeklagte auf die Mangelhaftigkeit des Wechsels zur Zeit der Annahmeerklärung bezw. der Aushändigung nicht berufen. Der § 7 Abs. 1 Satz 2 WStStG. greift auch im vorliegenden Falle Platz. Der Begriff der Aushändigung ist damit erfüllt, daß die Abholung des Wechsels jedenfalls dem Willen des Angeklagten entsprechend erfolgt, gleichviel ob er das Blankett dem Gläubiger der Firma persönlich übergeben hat oder nicht. — Vgl. Anm. 3 bei § 7 d. G.

6. In Beziehung auf das Strafmaß bei gemeinschaftlicher Kontravention Mehrerer bestimmt das ZirkR. des FM. v. 4. Jan. 77 III 16478. CB. S. 85, daß die mehreren Unterzeichner einer Wechsel-

erklärung wegen der durch Hinterziehung des gesetzlichen Stempels verwirkten Strafe jeder für sich und besonders in Anspruch zu nehmen sind. Der hiervon abweichende, früher auch bei Wechselstempelstrafen angewendete Grundsatz, nach welchem die an einer Stempelkontravention beteiligten mehreren Personen nur einmal solidarisch in Strafe genommen zu werden pflegten, ein Grundsatz, der ohnehin, was auch das kgl. OT. schließlich anerkannt hat, im Strafrecht oder in den Stempelgesetzen selbst keine Begründung findet, vielmehr nur eine milde Praxis der Steuerverwaltung darstellt, hat auf die Bestimmungen des WStStG. keine Anwendung. Nur der Spezialfall kann jedesmal ergebne, ob und welche jenem Grundsatz im Resultat gleichkommende Strafermäßigung möchte Platz greifen können. — Vgl. Anm. 2 bei § 19 d. G.

7. Wenn eine Genossenschaft einen Wechsel unversteuert protestieren läßt oder aus den Händen gibt, ohne daß sich feststellen läßt, welches Vorstandsmitglied hierbei tätig gewesen ist, sind sämtliche Vorstandsmitglieder wegen Zuwiderhandlung gegen das Wechselstempelgesetz in Anspruch zu nehmen. FME. v. 29. Sept. 93 III 12009. — S. folg. Anm.

8. Für die Nichtversteuerung des von einer Aktiengesellschaft erworbenen und demnächst aus den Händen gegebenen Wechsels sind alle Vorstandsmitglieder strafrechtlich verantwortlich, auch wenn sie persönlich an dem „Aus den Händen geben" nicht beteiligt gewesen sind. RGE. 21 Okt. 04. CBl. S. 7 de 05. Entsch. in StrS. 37 398. Gründe: Im Sinne der §§ 4 und 5 WStStG. rechnen zu den für die Entrichtung der Abgabe verhafteten Personen auch Aktiengesellschaften, die an dem Umlaufe des Wechsels teilgenommen habe. Die der Aktiengesellschaft obliegenden Verpflichtungen sind durch die Mitglieder des Vorstandes vorzunehmen. Mit dem Erwerb des Wechsels wird die Gesellschaft Teil-

nehmerin am Umlauf; von diesem Zeitpunkt ab liegt es ihr ob, Fürsorge zu treffen, daß der Wechsel vor der Weitergabe (dem Aus-den-Händen-Geben) verstempelt wird; für sie liegt es den Vorstandsmitgliedern ob. Auf die Kenntnis der Vorstandsmitglieder von dem Erwerbe des Wechsels kommt es so wenig an, als in dem Falle, daß ein Einzelkaufmann von dem Erwerbe eines Wechsels durch einen hierzu ermächtigten Angestellten keine Kenntnis erhalten hat. Die Strafbarkeit wird begründet mit der Unterlassung der gebotenen Handlung, verbunden mit der Weitergabe. Es genügt, daß die Weitergabe durch irgend einen für die Gesellschaft zu handeln Befugten vorgenommen wird. Identität dieser Person mit den für die Versteuerung verantwortlich gewordenen Personen ist nicht erforderlich. — Die dem Urteile vom 7. Juli 08 (Entsch. **14** 226) zu Grunde liegende Auffassung, nach welcher die nachweisbare Beteiligung der Vorstandsmitglieder an der Handlung des Aus-der-Hand-Gebens die Grundlage der Strafbarkeit zu bilden hat, ist hiernach nicht aufrecht erhalten.

9. Bei Zuwiderhandlungen gegen das WStStG., die von dem Prokuristen einer Firma begangen werden, ist nur der Prokurist mit der Wechselstempelstrafe zu belegen, die Inhaber der Firma aber außer strafrechtlicher Verantwortung zu lassen, und bei Zuwiderhandlungen, die von einem Teilhaber einer offenen Handelsgesellschaft begangen werden, ist nur dieser zu bestrafen, die übrigen Gesellschafter aber nicht zur Bestrafung zu ziehen. Steht die Person des Täters nicht fest, so würde die Strafe gegen den oder die Inhaber der Firma festzusetzen sein, und zwar, wenn mehrere Inhaber vorhanden sind, in einmaligem Betrage unter Haftbarkeit jedes einzelnen als Gesamtschuldner. FME. 7. Mai 04 III 6050. — Vgl. Anm. 5 zu § 11 d. G.

§. 16. Der Acceptant eines gezogenen und der Aussteller eines trockenen Wechsels können daraus,

daß der Wechsel zur Zeit der Annahme-Erklärung, beziehungsweise der Aushändigung, mangelhaft gewesen sei, keinen Einwand gegen die gesetzlichen Folgen der Nichtversteuerung desselben entnehmen.*)

1. Die Bestimmung im § 16 WStStG. ist nicht auf andere Wechselbeteiligte, als darin genannt, insbesondere nicht auf diejenigen zu beziehen, die einen trockenen Wechsel als Bürgen unterzeichnet haben. RGE. 11. Dez. 02. CBl. S. 106 de 03. Entsch. in StrS. **36** 33. Aus den Urteilsgründen: Festgestelltermaßen haben C. H. und B. die Wechsel „als Bürgen" unterschrieben zu einer Zeit, als die Wechsel von dem Aussteller J. noch nicht unterschrieben gewesen sind. Vor Unterzeichnung des J. entfiel jede wechselrechtliche Haftung den drei Mitunterzeichnern, denn, so lange die Unterschrift des Ausstellers fehlt, entsteht aus der Schrift keine wechselrechtliche Verbindlichkeit und auch die auf eine solche Schrift gesetzte Erklärung „als Bürge" hat keine Wechselkraft.

Die Steuerpflicht ist nach § 5 d. G. an die Unterzeichnung einer Wechselerklärung geknüpft, d. h. einer Erklärung, durch welche eine wechselmäßige Verbindlichkeit übernommen wird. Diese Voraussetzung wird nicht erfüllt durch schriftliche Erklärungen auf dem Wechsel, welche eine wechselmäßige Verbindlichkeit zwar nach dem Willen der Erklärenden enthalten sollen, eine solche wegen mangelnder wechselrechtlicher Form jedoch nicht enthalten. Da nur die von C. H. und B. auf die Wechsel vor der Unterzeichnung durch den Aussteller gesetzte Unterschrift für diese irgend welche wechselrechtliche Verbindlichkeit nicht erzeugte, bestand für sie keine Verpflichtung für Entrichtung der Abgabe. Die Bestimmung des § 16 steht dem nicht entgegen. Sie ist als Aus-

*) Vgl. Anh. Anm. 1 Ziff. 7 litt. b.

nahmevorschrift ausdrücklich auf den Akzeptanten eines gezogenen und den Aussteller eines trockenen Wechsels beschränkt. Nur diese Personen sollen sich auf die Mangelhaftigkeit des Wechsels nicht berufen können.

Auch das RGE. **10** 27 — unten Anm. 7 — trifft nur den Fall, wenn der Aussteller eines gezogenen Wechsels die Blankette seinem Geschäftsführer zur Verwendung im Geschäfte gibt und ist auf andere anders gelagerte Fälle nicht auszudehnen; diese Entscheidung steht also mit Obigem nicht in Widerspruch.

2. Mit der Bezeichnung „mangelhaft“ soll der Fall der Unvollständigkeit des Wechsels, ein noch nicht vollständig ausgefülltes Wechselformular, ein sog. Blankett getroffen werden. RGE. 9. Juni 03, ferner RGE. 31. Jan. 05. (Entsch. in StrS. **37** 377.) — Vgl. Anm. 8 zu § 1 d. G.

3. Der Wechselstempelsteuer unterliegen allerdings nur diejenigen Urkunden, welche den in der WO. aufgeführten Erfordernissen eines Wechsels entsprechen, und daher können Urkunden, welche die übrigen Erfordernisse eines trockenen Wechsels erfüllen, in denen indessen der Tag der Ausstellung und der Name des Gläubigers noch nicht ausgefüllt sind, in diesem Zustand als steuerpflichtig nicht angesehen werden. Im § 16 des WStStG. ist indessen bestimmt, daß der Akzeptant eines gezogenen und der Aussteller eines trockenen Wechsels daraus, daß der Wechsel zur Zeit der Annahmeerklärung, beziehungsweise der Aushändigung, mangelhaft gewesen sei, keinen Einwand gegen die gesetzlichen Folgen der Nichtversteuerung desselben entnehmen können. Wird daher ein trockner Wechsel von dem Aussteller in nicht völlig ausgefülltem Zustande demjenigen, an welchen nach dem Wechsel gezahlt werden soll, ungestempelt übergeben, und von diesem demnächst die Ausfüllung bewirkt, so würde der Aussteller des Wechsels die Strafe der Wechselstempelhinterziehung selbst dann verwirkt haben, wenn auch der Gläubiger bei Ausfüllung des Wechsels gleichzeitig den gesetzlichen Stempel verwendet, denn den Wechselaussteller würde immer der Vorwurf treffen, das Schriftstück dem Gläubiger ausgehändigt zu haben, ohne daß es versteuert war, und er könnte sich nach § 16 nicht damit entschuldigen, daß zu der Zeit, wie er den Wechsel aushändigte, dieser noch mangelhaft gewesen sei. Daß der § 16 des WStStG. in dem angegebenen Sinne zu verstehen sei, ist in RGE. vom 30. Juni 87 (Entsch. in StrS. **16** 206) anerkannt worden. FME. v. 18. Juni 96 III 8329.

4. Derjenige, welcher einen nicht vollständig ausgefüllten (vom Aussteller nicht unterschriebenen) Wechsel akzeptiert, ist wegen unterlassener Stempelung nur in dem Falle strafbar, wenn demnächst durch vollständige Ausfüllung seiner wesentlichen Teile ein stempelpflichtiger Wechsel wirklich entstanden ist. Erk. des OT. 10. Dez. 75. GA. **23** 563.

5. Wer ein nicht ausgefülltes Wechselformular mit seinem Akzept versieht und dann ungestempelt aus den Händen gibt, hat die Stempelstrafe auch dann verwirkt, wenn der Aussteller seinerseits bei der nachträglichen Vollziehung rechtzeitig den Stempel verwendet. RGE. 19. März 97. CBl. S. 202. Entsch. in StrS. **30** 19.

Der Angeklagte hatte auf Ansuchen des Kaufmanns M. auf ein gedrucktes Wechselformular seinen Namen als Akzeptant niedergeschrieben und es ohne Stempelmarke und ohne über die einzurückende Wechselsumme mit M. Vereinbarung zu treffen, diesem zurückgegeben. M. trug am folgenden Tage 10000 Mark als Wechselsumme ein, füllte es auch im übrigen aus, unterschrieb als Aussteller und gab den so fertig gestellten Wechsel dem Bankier H. in Zahlung. M., auf das Fehlen der Stempelmarke von H. aufmerksam gemacht, löste eine Marke im Betrage von 5 Mark und übergab sie mit dem Wechsel an H. Dieser kassierte die Marke und nahm den Wechsel, nachdem M. noch seinen Namen als Indossant unter die Marke gesetzt hatte, an sich.

Der fertig gestellte Wechsel wird behandelt, als wäre bei Aushändigung des Blankoakzepts das Wechselformular bereits vollständig ausgefüllt gewesen; die Unterlassung der Besteuerung seitens des Blankoakzeptanten wird strafbar durch die Herstellung eines stempelpflichtigen Wechsels. Hierbei ist der Einwand des Angeklagten belanglos, daß er zur Verwendung des erforderlichen Stempels außer Stande gewesen sei, weil er nicht gewußt habe, über welche Summe das Wechselformular habe ausgefüllt werden sollen.

6. Derjenige, der einen mit seinem Akzept versehenen, der Unterschrift des Ausstellers entbehrenden Wechsel ungestempelt in das Ausland versendet, verwirkt die Stempelstrafe, wenn auch der im Ausland mit der Unterschrift des ausländischen Ausstellers versehene Wechsel bei der Rückkehr in das Inland von dem ersten inländischen Inhaber vorschriftsmäßig versteuert ist.

Der Prokurist einer Firma, der als solcher ein Wechselakzept ausgestellt und ausgehändigt hat, wird durch den Umstand, daß er dies als Prokurist getan, von der strafrechtlichen Verantwortlichkeit nicht befreit, wenngleich der Geschäftsinhaber auch für die Zuwiderhandlungen von Prokuristen, und sonstigen Geschäftsbevollmächtigten die strafrechtliche Verantwortlichkeit trägt. RGE. 22. Nov. 98. CBl. **99** 82. — Entsch. in Str. S. **31** 336.

Der Prokurist der Firma A. in Berlin sandte an die Firma B. in Malaga das Formular eines gezogenen Wechsels, nachdem er dasselbe als Prokurist mit dem Annahmevermerk versehen und im übrigen bis auf die Unterschrift des Ausstellers vollständig ausgefüllt hatte.

B. in Malaga fügte seine Unterschrift als Aussteller hinzu und girierte das Wechselformular und übersandte es an das Bankhaus D. in Berlin. D. ließ den Wechsel, nachdem er hinter dem ersten Indossament die Wechselstempelmarken entwertet hatte, bei der Firma A. protestieren.

Für unerheblich ist der Einwand des Angeklagten erachtet, daß das Akzept der Firma B. nur zur Sicherheit und mit der ausdrücklichen Abrede gegeben sei, daß der Wechsel nicht ausgefüllt und benutzt, sondern der Wechselbetrag um den Betrag der entstehenden Provisionsforderung des Akzeptanten gekürzt und das Akzept schließlich anulliert werden solle.

In subjektiver Beziehung erfordert der Tatbestand strafbarer Wechselstempelsteuerhinterziehungen weder eine auf Steuerhinterziehung gerichtete Absicht, noch das Bewußtsein rechtswidrigen Verhaltens oder auch nur schuldhafte Fahrlässigkeit. — Vgl. Anm. 4 bei § 5, Anm. 5 bei § 6 u. Anm. 9 bei § 15 d. G.

7. Derjenige, welcher einen nachher zur Begebung an Dritte gelangten Wechsel zur Zeit, als er ein Blankett bildete, als Aussteller und Indossant unterschrieben hat, kann wegen Nichtentrichtung der Wechsempelsteuer strafrechtlich haftbar werden. Die Fälschung der Annahmeerklärung des Bezogenen oder eines Giros ist in dieser Hinsicht ohne Einfluß. Erk. des RG. 5. Jan. 84. Entsch. in StrS. **10** 27. Vgl. oben Anm. 1 Abs. 3.

§. 17. Wechselstempelhinterziehungen (§. 15) verjähren in fünf Jahren, von dem Tage der Ausstellung des Wechsels an gerechnet. Die Verjährung wird durch jede auf Verfolgung der Hinterziehung gegen den Angeschuldigten gerichtete amtliche Handlung unterbrochen.

1. Die Existenz eines Wechsels im Sinne der WO. ist dem Wortlaut des § 17 Satz 1 des WStStG. nach Voraussetzung für die Verjährung der Strafverfolgung; erst mit Ausfüllung des als Blankett gegebenen Wechsels beginnt die Verjährung der Strafverfolgung. RGE 29. März 98. CBl. S. 371 Entsch. in StrS **31** 96.

Im Frühjahre 1895 ließ der Angeklagte R. zu Konkursakten behufs Geltendmachung seiner Forderungen zwei mit je 2,50 M. zu versteuernde Wechsel, über je 5000 M., sowie vier mit je 5 M. zu versteuernde über je 10000 M. einreichen; sämtliche Wechsel trugen das Datum: 31. Oktober 1894 und lauteten auf Sicht. Die Wechsel waren durch Indossament an den Angeklagten gelangt, und zwar die Wechsel über je 10 000 M. durch Indossament vom 5. Oktober 1884, diejenigen über je 5000 M., in denen die Mitangeklagte L. als Remittentin bezeichnet war, durch Indossamente vom Jahre 1885. Damals lagen aber noch keine vollständigen Wechsel vor, sondern nur sog. Blankowechsel, die zwar schon den Namen des Ausstellers R. trugen, die R. aber hinsichtlich der Data, der Fälligkeitszeiten und der Wechselsummen ausfüllte, als er am 25. April 95 die Wechsel zu den Konkursakten einreichen ließ. Stempelmarken wurden mit dem Kassationsvermerk von diesem Tage versehen, jedoch teils in unzureichenden Beträgen, teils in unrichtiger Weise, sodaß gegen beide Angeklagte das Strafverfahren eingeleitet wurde.

Der Verjährungseinwand der Angeklagten wurde verworfen, weil die Wechsel durch die am 25. April 95 bewirkte Vervollständigung die Form von Wechseln erhalten hätten und daher von diesem Tage an als ausgestellt galten. Die Existenz eines Wechsels im Sinne der Wechselordnung ist, wie die Voraussetzung für die Strafbarkeit der Wechselstempelhinterziehung — Entsch. **30** 19. — so auch diejenige für die Verjährung der Strafverfolgung.

Die Strafbarkeit der Mitangeklagten L. war davon abhängig, daß das Wechselblankett später durch Ausfüllung ein vollständiger Wechsel wurde, und diese Bedingung wurde erst am 25. April 1895 erfüllt. Die Berufung dieser Angeklagten auf die Beifügung der Jahreszahl 1885 zu ihrem Giro vermag übrigens auch schon deshalb nicht zu ihrer Entlastung dienen, weil dadurch der spätere Inhaber des Wechsels nicht gehindert wurde, auf den Wechsel einen späteren Ausstellungstag, sowie eine spätere Fälligkeitszeit mit verbindlicher Kraft für die Indossantin zu setzen. Entscheidend ist somit auch in Bezug auf die von der Angeklagten L. begangene Straftat der Wortlaut des § 17 insofern, als es danach nicht auf den Zeitpunkt der einzelnen Wechselerklärungen, sondern auf den „Tag der Ausstellung" des Wechsels ankommt.

2. Für die Frage, an welchem Tage die Verjährung der Wechselstempelhinterziehung beginnt, sind nicht die allgemeinen Bestimmungen im Schlußabsatz des § 67 des Reichsstrafgesetzbuches, sondern ist allein die Spezialvorschrift des § 17 des WStStG., wonach Wechselstempelhinterziehungen in fünf Jahren vom Tage der Ausstellung des Wechsels an gerechnet verjähren, maßgebend. Festgestelltermaßen trägt nun zwar der Wechsel das Datum des 14. April 84, er ist aber erst am 29. Mai 90, an welchem Tage die Vorstandsmitglieder ihn mit ihrer Unterschrift, sowie der Adresse des Bezogenen versehen haben, ausgestellt. Bis zu diesem Tage hatte das Wechselformular, auf welches der Angeklagte sein Akzept gesetzt hatte, nach Artikel 4 der WO., welcher als wesentliche Erfordernisse des Wechsels unter 5 die Unterschrift des Ausstellers und unter 7 den Namen des Bezogenen anführt, noch nicht die Eigenschaft eines Wechsels.

Auch der eventuelle Grund der Freisprechung ist hinfällig. Denn der Angeklagte war nach §§ 6, 16 a. a. O. bereits am 14. April 84, als er das Wechselakzept weiter begab, zur Verstempelung verpflichtet. Der Umstand, daß der Wechsel, als er von dem Vorstande am 29. Mai 90 ausgefüllt wurde, schon die unter dem 1. Dez. 89 kassierte Stempelmarke trug, ist daher für die Beurteilung der Stempelhinterziehung des Angeklagten einflußlos. RGE. 27. Okt. 92.

3. Durch den hauptamtlichen Strafbescheid und zwar schon durch dessen Erlaß, nicht erst durch dessen Zustellung, wird die Verjährung unterbrochen, aber nicht schon durch solche Prozeßhandlungen, welche den Strafbescheid nur vorbereiten. FMR. 13. Dez. 82 III 16806; RGE. 5. Juli 02. CBl. S. 254 u. FME. 6. Nov. 02. CBl. S. 293.

§. 18. In Betreff der Feststellung, Untersuchung und Entscheidung der Wechselstempel-Hinterziehung und der Vollstreckung der Strafe, sowie in Betreff der Strafmilderung und des Erlasses der Strafe im Gnadenwege kommen die Vorschriften zur Anwendung, nach welchen sich das Verfahren wegen Vergehen gegen die Zollgesetze — in den von der gemeinschaftlichen Zollgrenze ausgeschlossenen Bezirken aber das Verfahren wegen Vergehen gegen die Stempelgesetze — bestimmt.*)

Die im § 15 vorgeschriebenen Geldbußen fallen dem Fiskus desjenigen Staates zu, von dessen Behörden die Strafentscheidung erlassen ist.

---

*) Vgl. Anh. Anm. 2 u. 3.

1. Auch ohne Vorlegung des Originals und beim bloßen Vorhandensein einer beglaubigten Abschrift des Wechsels ist der erkennende Richter wohl befugt, tatsächlich festzustellen, daß das auf dem Wechsel befindliche Giro von dem Angeklagten herrühre, sobald er die in dieser Beziehung vorliegenden Beweise nach seiner Überzeugung für genügend erachtet. Erk. des OT. 24. Okt. 66. GA **14** 832. Ebenso kann der Beweis, daß eine Wechselstempelmarke nicht in vorschriftsmäßiger Weise kassiert worden sei, nicht blos durch Vorlegung des mit der Marke versehenen Wechsels, sondern auch durch Vorlegung einer beglaubigten Abschrift des Wechsels geführt werden. Erk. des OT. 17. Mai 71. OR. **12** 268. Wie überhaupt die nicht vorschriftsmäßige Verwendung einer Wechselstempelmarke durch jedes im Strafverfahren statthafte Beweismittel dargetan werden kann, ohne daß es zur Beweisführung der Vorlegung des Originalwechsels bedarf. Erk. des OT. 26. Nov. 73. OR. **14** 757.

2. Im gerichtlichen Strafverfahren wegen Wechselstempelhinterziehung darf der Einwand des Angeschuldigten, daß er den geforderten Wechselstempel zu entrichten nicht verpflichtet sei, nicht zum Zivilprozeß verwiesen werden; vielmehr hat der Strafrichter über die Frage zu entscheiden, ob eine Wechselstempelhinterziehung vorliegt. Erk. des RG. 7. Okt. 80. CBl **82** 238 ff.

§. 19. Jede von einer nach §. 18 zuständigen Behörde wegen Wechselstempel-Hinterziehung einzuleitende Untersuchung und zu erlassende Strafentscheidung kann auch auf diejenigen Inhaber des Wechsels, welche anderen Bundesstaaten angehören, ausgedehnt werden. Die Strafvollstreckung ist nöthigenfalls durch Requisition der zuständigen Behörden und Beamten des Staates zu bewirken, in dessen Gebiete die Vollstreckungsmaßregel zur Ausführung kommen soll.

Die Behörden und Beamten der Bundesstaaten sollen sich gegenseitig thätig und ohne Verzug den verlangten Beistand in allen gesetzlichen Maßregeln leisten, welche zur Entdeckung oder Bestrafung der Wechselstempel-Hinterziehungen dienlich sind.*)

1. Diese Bestimmung enthält keine Einschränkung dahin, daß eine Steuerbehörde die Untersuchung auf die Angehörigen anderer Bundesstaaten nur dann ausdehnen oder erstrecken dürfe, wenn auch außerdem ein Angehöriger des eigenen Staates vorhanden ist, gegen welchen die Untersuchung eingeleitet werden kann. Der § 19 gestattet vielmehr zugleich, daß eine nach § 18 zuständige Steuerbehörde in Wechselstempelstrafsachen Untersuchungen auch gegen die Angehörigen anderer Bundesstaaten einleiten und verfolgen darf. FMR. 6. Okt. 74 III 13774.

2. In denjenigen Fällen, wo mehrere Personen in betreff eines Wechsels ihrer Verpflichtung zur Entrichtung der Stempelabgabe nicht rechtzeitig genügt haben und deshalb wegen Wechselstempelhinterziehung zur Untersuchung zu ziehen sind, ist gegen alle betreffenden Personen, namentlich auch gegen die in anderen Hauptamtsbezirken wohnhaften Kontravenienten, die Untersuchung von dem zuerst mit derselben befaßten zuständigen Hauptamte zu führen. Aus den Motiven zu dem WStStG. ergibt

---

*) Vgl. § 7 des Verwaltungsstrafges. v. 26. Juli 97 und Ausf.-V Nr. 8 Abs. 3 dazu.

sich, daß es für eine überflüssige und der Sache selbst nachteilige Weitläufigkeit des Verfahrens erachtet ist, wenn in jedem Bundesstaate, welchem ein Inhaber des Wechsels angehört, eine besondere Prozedur eingeleitet werden sollte. Wenn es auch richtig ist, daß unter Umständen in einzelnen Fällen die Einleitung eines besonderen Prozesses gegen jeden Inhaber des Wechsels schneller zum Ziele führen mag, so kann doch unter anderen Umständen das Gegenteil ebensowohl eintreten und namentlich können aus der verschiedenen Behandlung der vorkommenden Rechtsfragen bei den verschiedenen Behörden sehr unerwünschte Verwickelungen hervorgehen. Es unterliegt auch keinem Zweifel, daß es der Absicht des Gesetzgebers entspricht, diejenigen Fälle, in welchen die mehreren zur Untersuchung zu ziehenden Inhaber des Wechsels einem und demselben Bundesstaate angehören, aber in verschiedenen Hauptamtsbezirken ihren Wohnsitz haben, in der fraglichen Beziehung nicht anders zu behandeln, als die Fälle, wo die Kontravenienten verschiedenen Bundesstaaten angehören. FME. v. 6. Juni 70 III 9633. — Vgl. Anm. 6 bei § 15 d. G.

3. Nach den in dem FMR. vom 6. Juni 70 III 9633 — s. oben — ausgesprochenen Grundsätzen ist auch bei Anträgen auf Einleitung der gerichtlichen Untersuchung gegen Beschuldigte zu verfahren. Vfg. d. PStD. zu B. v. 30. Nov. 93.

§. 20. Die in den einzelnen Staaten des Bundes mit der Beaufsichtigung des Stempelwesens beauftragten Behörden und Beamten haben die ihnen obliegenden Verpflichtungen mit gleichen Befugnissen, wie sie ihnen hinsichtlich der nach den Landesgesetzen zu entrichtenden Stempelabgaben zustehen, auch hinsichtlich der Bundes-Stempelabgabe wahrzunehmen.*)

§. 21. Außer den Steuerbehörden haben alle diejenigen Staats- oder Kommunalbehörden und Beamten, denen eine richterliche oder Polizeigewalt anvertraut ist, sowie die Notare und andere Beamte, welche Wechselproteste ausfertigen, die Verpflichtung, die Besteuerung der bei ihnen vorkommenden Wechsel und Anweisungen von Amtswegen zu prüfen und die zu ihrer Kenntniß kommenden Zuwiderhandlungen gegen dieses Gesetz bei der nach § 18 zuständigen Behörde zur Anzeige zu bringen. Notare, Gerichtspersonen und andere Beamte, welche Wechselproteste ausfertigen, sind verbunden, sowohl in dem Proteste, als in dem über die Protestation etwa aufzunehmenden Protokolle ausdrücklich zu bemerken, mit welchem Stempel die protestirte Urkunde versehen, oder daß sie mit einem Bundesstempel nicht versehen ist.

1. JMR. v. 29. Dez. 69 an sämtliche Gerichte und Notare. JMBl. S. 282: Nach §§ 20 u. 21 des WStStG. bleiben die preußischen gerichtlichen Behörden und Beamten, einschließlich der Notare, auch ferner verpflichtet, die Versteuerung der bei ihnen zur Vorlage kommenden Wechsel und der denselben durch § 24 des Gesetzes gleichgestellten Papiere von Amtswegen zu überwachen und zu prüfen. Wahrgenommene Kontraventionen sind den — nach § 18 a. a. O. zur Ein-

*) Vgl. für Preußen § 31 des Stempelsteuerges. v. 31. Juli 1895.

leitung des administrativen Strafverfahrens fortan ausschließlich zuständigen — Behörden zur Verwaltung der indirekten Steuern anzuzeigen (§ 21 a. a. O.). Der Justizminister erwartet, daß diese für die Bundes- und Staatsfinanzen wichtige Verpflichtung auf das sorgfältigste erfüllt werden wird. Zugleich werden die bezeichneten Behörden und Beamten auf die an die Steuerbehörden erlassene Anweisung des Herrn Finanzministers v. 19. Dez. 69, betreffend das Strafverfahren wegen Wechselstempelhinterziehung nach dem Bundesges. v. 10. Juni 69, mit der Aufforderung hingewiesen, die in derselben gegebenen Erläuterungen zu beachten (s. Anh. Nr 1).

2. JMR. v. 10. Okt. 72 an sämtliche Gerichte und Notare. JMBl. S. 267: Notare, Gerichtspersonen und andere Beamte, welche Wechselproteste ausfertigen, sind insbesondere verbunden, sowohl in dem Proteste als in dem über die Protestation etwa aufzunehmenden Protokolle ausdrücklich zu bemerken, mit welchem Stempel die protestierten Urkunden versehen, oder daß sie mit einem Bundesstempel nicht versehen sind. Nach der Mitteilung des Herrn Finanzministers beschränken sich die Notare und Gerichtsbeamten bei der Aufnahme von Protesten darauf, daß sie in dem Proteste bemerken, mit welchem Stempel der protestierte Wechsel usw. versehen, oder daß er mit einem Bundesstempel nicht versehen sei, ohne zu prüfen, ob die Versteuerung richtig und rechtzeitig erfolgt sei. Hierdurch wird der im ersten Satze des § 21 den gedachten Beamten auferlegten Pflicht, die vorschriftsmäßige Versteuerung zu prüfen, nicht genügt. Der § 21 im Zusammenhange mit §§ 13 und 14 ergibt, daß eine vorschriftsmäßige Verwendung des Stempels nur dann anzunehmen ist, wenn der Wechsel entweder auf einem mit dem erforderlichen Bundesstempel versehenen Blankett ausgestellt, oder die

Verwendung der erforderlichen Bundesstempelmarken auf dem Wechsel nach Maßgabe der vom Bundesrat erlassenen Vorschriften über die Art und Weise der Verwendung erfolgt ist. Da die Kassation der Stempelmarken selbst nicht mehr amtlich erfolgt, sondern von jedem Privatmann bewirkt werden kann, so ist eine Ueberwachung der für das Aufkleben und die Kassierung der Marken gegebenen Vorschriften um so mehr unerläßlich, als diese Vorschriften die einzige Gewähr für die Rechtzeitigkeit der Versteuerung und zur Verhütung des mehrmaligen Gebrauchs derselben Marke bilden. Um den mit der Aufsicht des Stempelwesens beauftragten Beamten möglichst in Stand zu setzen, sich bei der Revision der Wechselproteste eine Ueberzeugung darüber zu schaffen, ob den gesetzlichen Vorschriften entsprochen ist, werden die Gerichtsbeamten und Notare zugleich angewiesen, in den nach § 88 der Wechselordnung zu nehmenden beglaubigten Abschriften der Wechsel und Anweisungen die Stelle, wo die Stempelmarke aufgeklebt worden, zu bezeichnen, sowie die Art und Weise der Kassation durch Abschrift des Kassationsvermerks ersichtlich zu machen.

3. Wenn ein Notar es unterläßt, eine bei Aufnahme eines Wechselprotestes zu seiner Kenntnis gekommene Zuwiderhandlung gegen dieses Gesetz bei der zuständigen Behörde zur Anzeige zu bringen, so ist dies eine Verletzung der Amtspflichten und als solche nach den Disziplinargesetzen strafbar. Erk. des OT. 17. Sept. 75; JMBl. **76** 26.

4. R. des M. d. J. v. 3. Jan. 70: Nach den Vorschriften in den §§ 20 und 21 des WStStG. bleiben die Behörden und Beamten, denen eine richterliche oder Polizeigewalt anvertraut ist, auch nach dem 1. Jan. 70 verpflichtet, die Versteuerung der bei ihnen vorkommenden Wechsel und Anweisungen zu prüfen und wahrgenommene Kontraventionen von Amts wegen zur Anzeige zu bringen. Nur insofern tritt eine erhebliche Aenderung ein, als fortan die Einleitung des administrativen Strafverfahrens nach § 18 des WStStG. den Behörden der Verwaltung der indirekten Steuern obliegt. Nachdem diese letzteren von dem Herrn Finanzminister auf die ihnen auferlegten Verpflichtungen hingewiesen und unter dem 19. Dez. pr. mit einer Anweisung versehen sind (s. im Anhang Nr. 1), finde ich mich veranlaßt, die Behörden meines Ressorts auf die Fortdauer der Eingangs erwähnten Pflichten noch besonders aufmerksam zu machen. Ich veranlasse demnach die Königl. Regierung, sämtliche ihr nachgeordneten Behörden und Beamten, denen eine Polizeigewalt anvertraut ist, auf die bezüglichen Vorschriften des WStStG. hinzuweisen, und denselben die sorgfältige Prüfung der bei ihnen vorkommenden Wechsel und Anweisungen mit Rücksicht auf ihre Stempelpflichtigkeit, sowie die Anzeige wahrgenommener Kontraventionen aufzugeben.

5. Das Protestregister hat öffentlichen Glauben, und die Eintragungen, welche in dasselbe unter Verantwortlichkeit des Notars und kraft seines Amtes geschehen, sind nicht bloß als einfache unbeglaubigte Abschriften, sondern nach AGO. I 10 § 123 als öffentliche Urkunden anzusehen. Dies gilt nicht nur von der nach Art. 88 der WO. in den Protest aufzunehmenden wörtlichen Abschrift des Wechsels, sondern nach § 21 Abs. 2 des WStStG. auch von demjenigen, was in dem Protest über die geschehene Verwendung der Stempelmarke gesagt ist. RGE. 7. Mai 80. CBl. 81 S. 102, 103.

6. Beglaubigte Wechselabschriften, welche bei Anzeigen von Zuwiderhandlungen gegen das WStStG. der Steuerbehörde eingereicht werden, sind stempelfrei. — Erklärung des Bundeskommissars bei der Beratung des Gesetzes im Reichstage. Stenogr. Ber. 2 1206 ff.

§. 22. Das Bundespräsidium ist ermächtigt, wegen der Anfertigung und des Debits der Bundesstempelmarken und gestempelten Blankets, sowie wegen der Bedingungen, unter welchen für verdorbene Stempelmarken und Blankets Erstattung zulässig ist, die erforderlichen Anordnungen zu erlassen.

Ausf.-B. zu § 22 des Gesetzes.

Abgabenerstattung.

8. Für verdorbene Stempelmarken oder Vordrucke und für Marken, mit welchen demnächst verdorbene Schriftstücke versehen sind, kann Erstattung beansprucht werden, wenn der Schaden mindestens eine Mark beträgt und wenn von den Stempelzeichen oder den Schriftstücken, zu welchen sie verwendet sind, noch kein oder doch kein solcher Gebrauch gemacht worden ist, dem gegenüber durch die Erstattung das Steuerinteresse gefährdet erscheint. Es genügt, wenn der Werth der gleichzeitig zur Erstattung vorgelegten Stempelzeichen zusammen eine Mark beträgt, und es kommt nicht darauf an, ob die Beschädigung der einzelnen Stempelzeichen durch ein und dasselbe Ereignis veranlasst oder auf verschiedene, von einander unabhängige Versehen oder Zufälle zurückzuführen ist.

9. Der Erstattungsanspruch ist bei der Postanstalt des Bezirkes innerhalb eines Monats, nachdem der Schaden dem Berechtigten bekannt geworden ist, unter Beifügung der verdorbenen Stempelzeichen und Schriftstücke anzumelden. Ueber die Anträge entscheidet, falls sie einem Postamt erster oder zweiter Klasse unterbreitet

sind, der Postamtsvorsteher. In zweifelhaften Fällen sowie allgemein seitens der übrigen Postanstalten ist die Entscheidung der in Ziffer 12 genannten Behörden einzuholen.

10. Die Frist zur Geltendmachung des Erstattungsanspruchs ist auch dann als gewahrt anzusehen, wenn die Erstattung bei einer nicht zuständigen Postanstalt oder einer Steuerstelle beantragt worden ist. Die Amtsstellen haben in diesem Falle den Antrag der zust ndigen Behörde (Ziffer 9 Satz 1) zur Entscheidung vorzulegen.

11. Eine baare Zurückzahlung der entrichteten Abgabe findet nicht statt; die Erstattung erfolgt vielmehr im Wege des Umtausches, und zwar werden in der Regel für verdorbene Vordrucke Vordrucke, für verdorbene Marken Marken abgabefrei verabfolgt. Den Wünschen des Antragstellers hinsichtlich des Betrags der einzelnen Stücke ist thunlichst Rechnung zu tragen.

Die verdorbenen Stempelzeichen sind in Gegenwart von zwei Beamten zu vernichten.

12. Ueber Anträge auf Erstattung zu Unrecht entrichteter Abgabenbeträge entscheiden im Reichspostgebiete die Oberpostdirektionen, in Bayern das Oberpostamt, in Württemberg die Generaldirektion der Posten und Telegraphen.

§. 23. Die Vorschriften in §. 23 des Wechselstempelsteuergesetzes sind aufgehoben und ersetzt durch §§. 275, 276 Abs. 1, 364 Abs. 1 des Strafgesetzbuchs für das Deutsche Reich (RGBl. 1876 S. 25 ff.); vgl. §. 2 Abs. 1 des Einf.-Ges. zum StGB. v. 31. Mai 1870 (RGBl. S. 195).

Die vorerwähnten Paragraphen des Strafgesetzbuchs lauten:

§. 275. Mit Gefängnis nicht unter drei Monaten wird bestraft, wer

1) wissentlich von falschem oder gefälschtem Stempelpapier, von falschen oder gefälschten Stempelmarken, Stempelblanketten, Stempelabdrücken, Post- oder Telegraphen-Freimarken oder gestempelten Briefkuverts Gebrauch macht,
2) unechtes Stempelpapier, unechte Stempelmarken, Stempelblankette oder Stempelabdrücke für Spielkarten, Pässe oder sonstige Drucksachen oder Schriftstücke, ingleichen wer unechte Post- oder Telegraphen-Freimarken oder gestempelte Briefkuverts in der Absicht anfertigt, sie als echt zu verwenden, oder
3) echtes Stempelpapier, echte Stempelmarken, Stempelblankette, Stempelabdrücke, Post- oder Telegraphen-Freimarken oder gestempelte Briefkuverts in der Absicht verfälscht, sie zu einem höheren Werthe zu verwenden.

§. 276 Abs. 1. Wer wissentlich schon einmal zu stempelpflichtigen Urkunden, Schriftstücken oder Formularen verwendetes Stempelpapier oder schon einmal verwendete Stempelmarken oder Stempelblankette, ingleichen Stempelabdrücke, welche zum Zeichen stattgehabter Versteuerung gedient haben, zu stempelpflichtigen Schriftstücken verwendet, wird, außer der Strafe, welche durch die Entziehung der Stempelsteuer begründet ist, mit Geldstrafe bis zu sechshundert Mark bestraft.

§. 364 Abs. 1. Mit Geldstrafe bis zu einhundertfunfzig Mark wird bestraft, wer wissentlich schon einmal verwendetes Stempelpapier nach gänzlicher oder theilweiser Entfernung der darauf gesetzten Schriftzeichen, oder schon einmal verwendete Stempelmarken, Stempelblankette oder ausgeschnittene oder sonst abgetrennte Stempelabdrücke der im §. 276 bezeichneten Art veräußert oder feilhält.

§. 24. Die Vorschriften dieses Gesetzes kommen gleichmäßig zur Anwendung auf die an Ordre lautenden Zahlungsversprechen (Billets à Ordre) und die von Kaufleuten oder auf Kaufleute ausgestellten Anweisungen (Assignationen) jeder Art, auf Geldauszahlungen, Akkreditive und Zahlungsaufträge, gegen deren Vorzeigung oder Auslieferung die Zahlung geleistet werden soll, ohne Unterschied, ob dieselben in Form von Briefen oder in anderer Form ausgestellt werden.*)

Befreit von der Stempelabgabe sind:

1) die statt der Baarzahlung dienenden, auf Sicht zahlbaren Platzanweisungen und Checks (d. i. Anweisungen auf das Guthaben des Ausstellers bei dem die Zahlungen desselben besorgenden Bankhause oder Geldinstitute), wenn sie ohne Accept bleiben; andernfalls muß die Versteuerung erfolgen, ehe der Acceptant die Platzanweisung oder den Check aus den Händen giebt.

*) Vgl. §§ 783ff. BGB. und 363 HGB.

In welchen Fällen auch Anweisungen, die an einem Nachbarorte des Ausstellungsortes zahlbar sind, den Platzanweisungen gleichgeachtet werden sollen, bestimmt der Bundesrath nach Maßgabe der örtlichen Verhältnisse;

2) Akkreditive, durch welche lediglich einer bestimmten Person ein nur im Maximalbetrage begrenzter oder unbeschränkter, nach Belieben zu benutzender Kredit zur Verfügung gestellt wird;

3) Banknoten und andere auf den Inhaber lautende, auf Sicht zahlbare Anweisungen, welche der Aussteller auf sich selbst ausstellt.

Ausf.-B. zu § 24 des Gesetzes.

Steuerfreiheit der Platzanweisungen.

18. Im Sinne der Vorschrift im § 24 Ziffer 1 des Gesetzes werden als ein Platz betrachtet die nachstehend aufgeführten Nachbarorte:

Aachen und Burtscheid,
Annaberg und Buchholz,
Aschaffenburg und Damm,
Berlin und die im Postverkehr als dessen Nachbarorte geltenden Ortschaften,
Bremerhaven, Geestemünde und Lehe,
Danzig, Langfuhr und Neufahrwasser,
Elberfeld und Barmen,
Hamburg, Altona und Wandsbek,
Hannover und Linden,
Mainz und Castel,
Mannheim, Ludwigshafen und Rheinau,
Nürnberg und Fürth,

Regensburg und Stadtamhof,
Saarbrücken und St. Johann,
Stuttgart und Cannstatt,
Thorn und Mocker,
Ulm und Neu-Ulm.

Übergangs- und Schlussbestimmungen.

14. Diese Bestimmungen treten mit dem 1. April 1901 in Kraft.

Die der Beschreibung in Ziffer 2 nicht entsprechenden älteren Stempelzeichen dürfen noch bis zum 1. Oktober 1901 weiter verwendet werden. Nach diesem Zeitpunkt ist ihre Verwendung nicht mehr zulässig, doch ist es gestattet, sie bis zum 1. April 1902 bei den mit dem Verkaufe beauftragten Postanstalten gegen vorschriftsmässige Stempelzeichen umzutauschen.

15. Der Reichskanzler ist ermächtigt, wegen der Anfertigung und des Vertriebs der Stempelmarken und gestempelten Vordrucke sowie wegen der Bedingungen, unter welchen für verdorbene Stempelzeichen Erstattung zulässig ist, anderweite Anordnungen zu erlassen.

1. Anweisungen der Bankiers und Kaufleute an sich selber (Dispositionsscheine), wenn sie an Ordre lauten, unterliegen dem Wechselstempel. Erk. des OT. 15. Okt. 75 GA. **23** 564. Unter solchem Dispositionsschein wird eine Urkunde verstanden, in welcher ein Kaufmann als Aussteller einer bestimmten anderen Person gegenüber direkt sich zur Zahlung einer Geldsumme für haftbar erklärt. Es ist dabei gleichgültig, ob die Urkunde über ein bereits bestehendes oder ein neu zu errichtendes Schuldverhältnis ausgestellt wird. RGE. 15. April 86 JMBl. S. 335.

2. Quittungen über Warenkaufpreise, die in Erwartung der Zahlung der letzteren unter Einrückung eines späteren Datums ausgestellt und unter dritten Personen in Umlauf gesetzt werden, um am Fälligkeitstage den Warenkäufern zur Einlösung vorgelegt zu werden, unterliegen als Anweisungen nicht dem Wechselstempel. FME. 18. Febr. 01 III 2146.

3. Anweisungen von Beamten des Auswärtigen Amts auf die Legationskasse dieses Amts ausgestellt, sind auch dann nicht stempelpflichtig, wenn sie an Ordre lauten und mit Indossamenten von Kaufleuten versehen werden, weil die Stempelpflichtigkeit von Anweisungen ausdrücklich auf solche beschränkt ist, welche von Kaufleuten oder auf Kaufleute ausgestellt sind. Vfg. d. PStD zu B. v 14. März 95.

4. Die Worte „die statt der Barzahlung dienenden" und „auf Sicht zahlbaren" beziehen sich, wie auch das RG. in seinem Urteile v 11. Okt. 88 — Entsch. 18 154 — angenommen hat, nicht nur auf „Platzanweisungen", sondern auch auf „Checks"

Die inkriminierte Urkunde, in welcher festgestelltermaßen die Firma N. N. die Bank anweist, dem Vorzeiger der Urkunde eine bestimmte Geldsumme für Rechnung der anweisenden Firma zu zahlen, ist unzweifelhaft und unangefochten eine ohne Akzept gebliebene, auf Sicht zahlbare Anweisung.

„Statt der Barzahlung dient" eine solche Anweisung, wenn der Aussteller derselben ein Guthaben bei der bezogenen Bank wirklich gehabt hat und ein Checkvertrag zwischen jenem und der Bank vorausgegangen ist, mittelst dessen diese der die Anweisung ausstellenden Firma das Recht eingeräumt hat, über ihr Guthaben in beliebigen Teilbeträgen mittelst Zahlungsanweisung durch Dritte zu verfügen. Daß für die Firma N. N. bei der Bank ein „Guthaben" wirklich vorhanden war, ist vom

Berufungsrichter, der den Begriff des „Guthabens“ im Sinne des § 24 a. a. O. nicht verkennt, ohne ersichtlichen Rechtsirrtum festgestellt worden, ebenso, daß die gedachte Firma ihrem Gläubiger die Urkunde an Zahlungsstatt gegeben hat.

Aus diesem Grunde kann es auch dahin gestellt bleiben, ob die Worte des Gesetzes „statt der Barzahlung dienenden“ für gleichlautend mit der Hingabe an Zahlungsstatt oder nur mit der Hingabe Zahlungshalber zu erachten sind.

Für rechtsirrtümlich ist es auch nicht zu erachten, wenn der Berufungsrichter ferner festgestellt hat, daß der erforderliche Checkvertrag, welcher nach den von ihm angeführten gesetzlichen Vorschriften auch durch konkludente Handlungen geschlossen werden konnte, vorhanden war und daß die Bank die Zahlungen der Firma N. N. besorgte. Er hat daher in der inkriminierten Urkunde ohne Rechtsirrtum eine Anweisung auf das Guthaben der Ausstellerin bei der Bank erblickt. KGE. v. 6. Jan. 90.

5. Es kommt nach § 24 Nr. 1 des WStStG. nicht darauf an, ob die fragliche Anweisung sich selbst Check nennt oder nicht, oder ob aus ihrem Kontext die Eigenschaft des Bezogenen als „die Zahlungen des Ausstellers besorgenden“ Bankier förmlich zu ersehen ist oder nicht, und es ist auch kein gesetzliches Unterscheidungsmerkmal des stempelfreien Checks, daß er ausschließlich auf den Namen des Nehmers (Assignatars) und nicht zugleich an dessen Ordre lautet. Es genügt, wenn die im Gesetz bezeichneten Bedingungen der Steuerfreiheit aus dem Inhalt der Urkunde sich ergeben. — RGE. 11. Okt. 88. Entsch. i. Straff. **18** 154.

6. Das Gesetz verlangt für den Check, wenn er steuerfrei sein soll, ausdrücklich, daß er eine Anweisung auf das Guthaben des Ausstellers sein müsse. Wenn daher der Richter verlangt, daß dieses Erforderniss aus dem Check selbst hervorgehen müsse, so geht er nicht über die Requisite hinaus, welche das Gesetz verlangt, sondern er fordert nur das, was auch das Gesetz ausdrücklich fordert. RGE v. 28. Mai 92, CBl. für 93 46/47.

7. Der Ausdruck „Guthaben“ ist nicht blos auf ein bares Guthaben des Checkausstellers bei seinem Bankier zu beschränken, dieses Guthaben kann vielmehr auch in Wertpapieren, Depositen und selbst in einem von dem Bankier dem Checkaussteller eröffneten Kredit bestehen.

Würde ein Check über einen Betrag lauten, der das dem Aussteller zustehende Guthaben übersteigt, so würde nicht blos in Höhe des Mehr, sondern in Höhe der ganzen Checksumme der Wechselstempel fällig sein; dem Aussteller bleibt in Fällen dieser Art überlassen, zwei Checks auszustellen, von denen der eine über das Guthaben lautend dann steuerfrei wäre. FME. v. 29. Jan 01. III 1176. — Vgl. Entsch. in StrS. 18 158.

8. Für die Anwendbarkeit der Bestimmungen über die Stempelfreiheit der Checks macht es keinen Unterschied, ob der Aussteller sein Guthaben auf einmal oder in mehreren Einzelbeträgen abhebt. Ein Check liegt auch dann vor, wenn er auf Grund eines von einem Dritten gestellten Akkreditivs gezogen ist. FME. v 11. Juli 93. III 8687. — Vgl. auch Entsch. in StrS. 18 158.

9. Unter den als stempelfrei bezeichneten Checks sind, entsprechend der dort beigefügten Begriffsbestimmung, nur Anweisungen auf das Guthaben des Ausstellers bei dem dessen Zahlungen besorgenden Bankhause oder Geldinstitut zu verstehen, so daß Anweisungen auf das Guthaben des Ausstellers bei einem Privatmann, der Inkassi für ihn besorgt, nicht unter den Begriff der Checks fallen FME. v. 19. Dez. 96. III 17126.

10. Der zu einem Giro auf einem sonst von dem Wechselstempel befreiten Check hinzugefügte Zusatz „innerhalb . . . . Tagen zur Zahlung vorzulegen“ begründet eine Stempelpflichtigkeit des Checks nicht. Vfg. d. PStD zu B. v 23. April 94.

11. Die den Checks zugestandene Stempelfreiheit steht auch den vom Inlande auf das Ausland oder umgekehrt gezogenen Checks ohne Rücksicht auf deren ferneren Umlauf zu. FMC 5 Juli 88. III 8796.

12. Die Entscheidung des vormaligen Reichsoberhandelsgerichts v. 24 Okt. 75, — Entsch. desselben **19** 72 —, wonach die Befreiungsvorschrift auch den auf Order gestellten Platzanweisungen, und Checks die später an andere Personen oder in blanko indossiert werden, zugute kommt, ist nach Lage der Gesetzgebung als gerechtfertigt anzusehen. Hiervon abzugehen, muß Bedenken getragen werden, da weder die Motive des dem Reichstage vorgelegten Gesetzentwurfes, noch die in dem angezogenen Paragraphen vorkommenden Worte „zur Barzahlung dienend“ mit hinreichender Deutlichkeit erkennen lassen, daß auf Order gestellte Platzanweisungen und Checks von der Befreiung haben ausgeschlossen werden sollen. FMC v 17. Nov. 84. III 14181

§. 25. Die in den Staaten des Norddeutschen Bundes bestehenden Stempelabgaben von Wechseln, Anweisungen und diesen gleichgestellten Papieren (§ 24) werden aufgehoben.

Auch von den auf Wechsel oder Anweisungen und diesen gleichgestellte Papiere gesetzten Indossamenten, Giros und anderen Wechselerklärungen, Quittungen und sonstigen auf die Leistungen aus dem Wechsel bezüglichen Vermerken dürfen landesgesetzliche Stempelabgaben nicht weiter erhoben werden.

1. Zu dem auf dem Wechsel befindlichen Beglaubigungsattest ist der für amtliche Atteste in Privatsachen vorgeschriebene preußische Stempel von 1,50 Mk. fällig, weil die Bestimmung des § 25 Abs. 2 des WStStG., wonach von den auf Wechsel gesetzten Indossamenten usw. landesgesetzliche Stempelabgaben nicht weiter erhoben werden sollen, auf Unterschrifts-Beglaubigungen keine Anwendung finden kann, da diese nicht zu den Vermerken der dort bezeichneten Art gehören. FME. v. 21. Juli 91 III 10808.

2. Zu trocknen Wechseln nach Art des auf der folgenden Seite befindlichen Musters, in denen der Aussteller zur Sicherung des Wechselgläubigers eine Urkunde verpfändet, kann ein weiterer Stempel, als der Wechselstempel, nicht verlangt werden. Der Erhebung eines Sicherstellungsstempels (Tarifst. 59 des Preuß. Stempelsteuerg. 31. Juli 95) für die Verpfändungserklärung würden die Vorschriften des § 25 Abs. 2 des WStStG. und der Tarifst. 59 Abs. 2 des zit. Ges. vom 31. Juli 95 entgegenstehen. FME. v. 7. Okt. 98. III 13856.

3. Die Vorschrift des § 25 Abs. 2 WStStG. kann auf vollständige Wechsel eingeschränkt werden; die Verpfändungserklärungen in unvollständigen aber versteuerten Wechseln sind deshalb nicht landesstempelpflichtig. FME. 28. Mai 97. III 2797.

Erklären aber die Wechselbürgen auf trocknen Wechseln mit dem Hauptschuldner solidarisch auch im Fall der Prolongation und nach Ablauf der Wechselverjährungsfrist bis zur Zahlung der ganzen Schuld haften zu wollen, so würde der Sicherstellungsstempel fällig sein, wenn nicht Abs. 2 der Tarifstelle 59 des Landesstempelgesetzes entgegenstände. FME. 4. Okt. 97. III 12488.

Sola-Wechsel.

Für Mark

Gegen diesen meinen Sola-Wechsel zahle ich

am ....ten .. 19

an die Ordre ....

die Summe von ....

den Wert habe ich bar erhalten und akzeptiere auf mich selbst.

Zur mehreren Sicherheit übergebe ich und verpfände ich nachstehendes Dokument.

Ich willige darin, daß mein Kreditor oder dessen Rechtsnachfolger für den Fall, daß ich zur Verfallzeit nicht prompte Zahlung leiste, sich sofort und ohne weiteres aus dem übergebenen Pfande an Kapital, Zinsen und allen Kosten der Beitreibung des Kapitals und der Zinsen bezahlt mache, und entsage dem mir nach § 46 Tit. 20 Tl. I d. ALR. zustehenden Rechte, verlangen zu dürfen, daß der Gläubiger seine Befriedigung aus dem bestellten Pfande suchen müsse, sondern überlasse es demselben, sich auch an mein sonstiges Vermögen und an meine Person zu halten.

den ten 19

Nr.

§. 26. Subjektive Befreiungen von der Bundesstempelabgabe finden nicht statt.

Für die Aufhebung der in den einzelnen Staaten des Bundes bestehenden subjektiven Befreiungen von der Wechselstempelsteuer, welche auf lästigen Privatrechtstiteln beruhen, wird, insoweit dieselben nach den Landesgesetzen nicht ohne Entschädigung aufgehoben werden können, aus der Bundeskasse Entschädigung geleistet. Sind in den der Befreiung zum Grunde liegenden Verträgen, Spezialprivilegien und sonstigen Rechtstiteln Bestimmungen über die Art und Höhe der Entschädigung enthalten, so behält es dabei sein Bewenden.

Anderenfalls wird bis zum Erlöschen der Befreiung dem Berechtigten der Stempelbetrag, welchen er nach Vorschrift dieses Gesetzes entrichtet hat, auf Grund periodischer Nachweisung aus der Bundeskasse erstattet. Die Aufstellung und Prüfung der periodischen Nachweisungen erfolgt nach den von dem Bundesrathe hierüber zu erlassenden näheren Anordnungen.

Für Stempelbeträge, deren Erstattung der Berechtigte von anderen Theilnehmern am Umlaufe des Wechsels oder von seinen Kommittenten zu fordern hat, wird in keinem Falle aus der Bundeskasse Entschädigung gewährt.

§. 27. Jedem Bundesstaate wird von der jährlichen Einnahme für die in seinem Gebiete debitirten

Wechselstempelmarken und gestempelten Blankets bis zum Schlusse des Jahres 1871 der Betrag von 36 Prozent, bis zum Schlusse des Jahres 1873 der Betrag von 24 Prozent, bis zum Schlusse des Jahres 1875 der Betrag von 12 Prozent und von da ab dauernd der Betrag von 2 Prozent aus der Bundeskasse gewährt.

§. 28. Die zur Ausführung dieses Gesetzes nöthigen Bestimmungen werden vom Bundesrathe getroffen.*)

§. 29. Dies Gesetz tritt mit dem 1 Januar 1870 in Kraft.

In Betreff aller vor diesem Tage ausgestellten inländischen oder von dem ersten inländischen Inhaber aus den Händen gegebenen ausländischen Wechsel kommen noch die bisherigen landesgesetzlichen Vorschriften zur Anwendung.

Urkundlich unter Unserer Höchsteigenhändigen Unterschrift und beigedrucktem Bundes-Insiegel.

Gegeben Berlin, den 10. Juni 1869.

(L. S.) **Wilhelm.**

Gr v. Bismarck-Schönhausen.

---

*) Die Ausführungsvorschriften des Bundesrats vom 8 März 01 (RGBl. S. 69) sind den einzelnen Paragraphen des Gesetzes, zu denen sie gehören, angehängt.

Anhang

enthaltend einzelne das Strafverfahren wegen Wechselstempelhinterziehung betreffende Vorschriften.

1. Anweisung des FM. v. 19. Dez. 69, betreffend das Strafverfahren wegen Wechselstempelhinterziehung nach dem Bundesgesetz v. 10. Juni 69. CBl. **70** S. 186.

1. Das Strafverfahren wegen Wechselstempelhinterziehung ist einzuleiten, wenn ein steuerpflichtiger Wechsel oder eine steuerpflichtige Anweisung
   a) überhaupt nicht oder
   b) mit einem geringeren als dem gesetzlich erforderlichen Abgabenbetrage oder
   c) nicht rechtzeitig

   versteuert ist.

2. Welche Wechsel und Anweisungen steuerfrei sind, ist im § 1 unter Nr. 1 und 2 und im § 24 des Gesetzes bestimmt.

   Zur Erläuterung wird darauf hingewiesen, daß nach dem Sprachgebrauch des Gesetzes das ganze Gebiet des Norddeutschen Bundes, mit Ausnahme der Hohenzollernschen Lande, als Inland und im Gegensatze hierzu die Hohenzollernschen Lande und alle Orte außerhalb des Bundesgebietes als Ausland bezeichnet werden.

(Vgl. Note bei § 1 des Ges.) In Betreff der Gebiete der einzelnen Bundesstaaten findet hiernach bezüglich des Wechselstempels kein Unterschied statt. Es ist also z. B. ein von Leipzig auf Bremen gezogener Wechsel im ganzen Bundesgebiet als ein inländischer zu behandeln und die etwa hinsichtlich desselben entdeckte Wechselstempelhinterziehung eintretenden Falles von den dazu berufenen preußischen Behörden ebenso zu verfolgen, als wenn dieselbe bei einem Wechsel vorgekommen wäre, der von einem preußischen Orte auf einem preußischen Ort gezogen worden.

3. Mit der aus Vorstehendem sich ergebenden Maßgabe ist die bisherige Stempelfreiheit der vom Auslande auf das Ausland gezogenen Wechsel (der sogenannten Transito-Wechsel) im § 1 unter Nr. 1 beibehalten.

4. Die Stempelfreiheit ist ferner unter gewissen Beschränkungen und Bedingungen auch auf Wechsel, welche vom Inlande auf das Ausland gezogen sind, ausgedehnt. Hinsichtlich derselben ist insbesondere folgendes zu beachten:

a) Die Befreiung bezieht sich überhaupt nur auf Wechsel, die auf Sicht oder spätestens innerhalb 10 Tagen nach dem Tage der Ausstellung zahlbar sind. Hierdurch sind alle Wechsel, deren Zahlungszeit auf eine beliebig bestimmte Frist nach Sicht, oder sonst auf irgendwie bestimmten späteren als den zehnten Tag nach der Ausstellung festgesetzt ist, von der Befreiung ausgeschlossen.

b) Auch jene unter a bezeichneten Wechsel, auf welche sich die Befreiung bezieht, sind nur unter der Bedingung steuerfrei, daß sie vom Aussteller direkt in das Ausland remittiert werden. Jede vorgängige Beteiligung einer anderen inländischen Person oder Firma hebt den Anspruch auf Befreiung von der Steuer auf und stellt den betreffenden Wechsel allen anderen stempelpflichtigen Wechseln gleich.

5. Die bisherige Befreiung der Wechsel und Anweisungen über Beträge von weniger als 50 Taler ist aufgehoben.

6. Der gesetzlich erforderliche Betrag der Stempelabgabe ist nach den Vorschriften in den §§ 2 und 3 des Gesetzes und den vom Bundesrate erlassenen Ausführungs-Anordnungen zu berechnen.

Ist von einem Wechsel ein geringerer als der erforderliche Stempelbetrag entrichtet, so ist die Wechselstempelhinterziehung nur hinsichtlich des noch fehlenden Betrages zu verfolgen (§ 15 des Gesetzes). Jedem späteren Inhaber eines nicht vollständig versteuerten Wechsels ist gestattet, die von seinen Vordermännern zu wenig entrichtete Steuer durch Kassierung der den fehlenden Betrag darstellenden Bundesstempelmarken nachzuentrichten und dadurch sich und etwaige spätere Hintermänner vor den Folgen der Hinterziehung zu schützen. Auf die von den Vordermännern verwirkte Strafe hat dies jedoch keinen Einfluß (§ 11 a. E.).

7. Der Zeitpunkt, bis zu welchem die Versteuerung erfolgen muß, um dem Erfordernis der Rechtzeitigkeit zu genügen (§ 15 zweiter Absatz) ist in den §§ 6 bis 11 des Gesetzes näher bestimmt. Danach müssen:

a) inländische Wechsel von dem Aussteller, ausländische Wechsel von dem ersten inländischen Inhaber versteuert werden, und zwar vor jeder weiteren Aushändigung.*)

Eine Ausnahme hiervon tritt nur rücksichtlich der Versendung zum Akzept ein. Will der Aussteller des inländischen oder der erste inländische Inhaber des ausländischen Wechsels sich über dessen Annahme vergewissern, so kann er vor der Versteuerung, aber nur bevor irgend ein inländisches Indossament auf den Wechsel gesetzt wird, die Versendung zum Akzept vor-

---

*) Cirk.-R. des FM. v. 6. Aug. 78. CBl. S. 198, JMBl. S. 128. Es ist hier zur Sprache gebracht worden, daß preußische Steuerbehörden bei Beurteilung der Versteuerung der im Auslande auf das Inland gezogenen, schon im Auslande mit den erforderlichen, regelrecht kassierten Stempelmarken versehenen Wechseln von der Ansicht ausgehen, daß nur die nach den §§ 4 und 5 des WStStG. für die Entrichtung der Abgabe verhafteten Teilnehmer am Umlauf eines Wechsels zur Verwendung von Stempelmarken berechtigt seien. Diese Auffassung wird seitens des Herrn Reichskanzlers, sowie des Herrn Justizministers, und auch diesseits nicht geteilt: es wird vielmehr angenommen, daß dem Gesetze Genüge geschehen ist, wenn der im Auslande ausgestellte Wechsel vom ausländischen Aussteller unmittelbar auf einem, den erforderlichen Reichsstempel eingedruckt tragenden Blankett niedergeschrieben oder von dem Aussteller oder einem sonst am Umlaufe des Wechsels beteiligten Ausländer mit Reichsstempelmarken zum gesetzlichen Betrage in vorschriftsmäßiger Weise versehen worden ist. Die Bestimmung unter 7a der Anweisung v. 19. Dez. 69, betr. das Strafverfahren wegen Wechselstempelhinterziehungen, hat etwas von dem angedeuteten Grundsatze Abweichendes nicht verordnen wollen.

nehmen (§ 7 erster Absatz). Jeder andere und jede den vorstehenden Erfordernissen nicht entsprechende Disposition, bei welcher der unversteuerte Wechsel von dem Aussteller, beziehungsweise dem ersten inländischen Inhaber aus den Händen gegeben wird, zieht die Strafe der Wechselstempelhinterziehung nach sich.

b) Der inländische Akzeptant eines noch nicht versteuerten Wechsels muß dessen Versteuerung bewirken, ehe er seinerseits denselben zurückgibt oder anderweit aushändigt.

Der Einwand, daß das mit der Annahmeerklärung versehene Exemplar nicht zum Umlaufe im Bundesgebiete bestimmt sei, kommt dem Akzeptanten nur dann zu statten, wenn die Rückseite des akzeptierten Exemplars vor der Rückgabe dergestalt durchkreuzt wird, daß dadurch die weitere Benutzung desselben zum Indossieren ausgeschlossen ist (§ 7 Absatz 2). Der bisher nicht selten gemachte Einwand, daß ein Wechsel zur Zeit des Akzepts noch nicht vollständig ausgefüllt gewesen oder noch nicht vom Aussteller vollzogen oder sonst mangelhaft gewesen sei, ist für die Zukunft durch § 16 des Gesetzes ausgeschlossen.

8. Haben die in erster Linie zur Versteuerung des Wechsels Verpflichteten (vorstehend unter Nr. 7 a und b) dieser Verpflichtung nicht genügt, so geht dieselbe nach § 11 des Gesetzes auf den nächsten und jeden ferneren inländischen Inhaber des Wechsels über, so lange die Versteuerung nicht nachgeholt ist.

Aus der Verbindung der Vorschriften in den §§ 4, 5 und 11 des Gesetzes ergibt sich, daß auch die späteren Inhaber für die Entrichtung des

Wechselstempels ohne weiteres solidarisch haften, daß mithin der der Bundeskasse entzogene Abgabenbetrag jederzeit von den letzten oder einem früheren Inhaber erfordert und derselbe zur Besteuerung des Wechsels angehalten werden kann, so lange diese nicht bewirkt ist.

Die Strafe der Wechselstempelhinterziehung trifft aber den späteren Inhaber nicht, wenn er die Versteuerung bewirkt, ehe er eine der im § 11 bezeichneten Handlungen mit demselben vornimmt (Unterzeichnung, Indossierung, Veräußerung, Verpfändung, Aushändigung usw.).

Wegen der näheren Bestimmung des Ausdrucks „Inhaber des Wechsels" wird auf den § 5 des Gesetzes verwiesen. Einerseits ist über den Kreis der aus dem Wechsel selbst ersichtlichen Teilnehmer am Umlaufe hinausgegriffen, indem die Verantwortlichkeit für den Stempel und die eventuelle Strafbarkeit auf diejenigen ausgedehnt worden, welche den Wechsel erwerben, veräußern, verpfänden, als Sicherheit annehmen usw., ohne daß ihr Name oder ihre Firma auf den Wechsel gesetzt wird (z. B. im Falle eines Blankoindossaments); andererseits macht fortan die Präsentation zur Annahme allein, wenn der Präsentant nicht in anderer Weise oder in anderer Eigenschaft noch beteiligt ist, denselben nicht für den Stempel verantwortlich.

Wer dagegen das akzeptierte Exemplar in Verwahrung genommen hat (zur Disposition des Umlaufsexemplars oder der umlaufenden Kopie unterliegt der Verantwortlichkeit für die Versteuerung des Wechsels nach dem § 12 des Gesetzes.

9 Nach den Vorschriften in den §§ 8 bis 19 des Gesetzes bewendet es bei der Regel, daß die Stempelabgabe von den in mehreren Exemplaren

ausgefertigten Wechseln nur **einmal** und zwar von demjenigen Exemplar zu entrichten ist, welches zum Umlaufe bestimmt ist. Die Steuerfreiheit der Duplikate und der Wechselkopien ist jedoch ausgeschlossen:

a) wenn sich auf denselben eine **Wechselerklärung** — mit Ausnahme des Akzepts und der Notadressen — befindet, die **nicht auch** auf ein nach Vorschrift des Gesetzes **versteuertes** Exemplar gesetzt ist. Unter dem der Allgemeinen deutschen Wechselordnung geläufigen Ausdrucke „**Wechselerklärung**" ist jede Erklärung zu verstehen, welche wechselmäßig verpflichtet, z. B. Indossament, Bürgschaft (vgl. Art. 85, 94 u. f); die **Annahme**erklärung ist hiervon ausgenommen, weil hinsichtlich derselben im § 7 zweiter Absatz) die erforderliche besondere Bestimmung enthalten ist. Zugleich sind auch Notadressen als Ausnahme genannt, um jeden Zweifel hierüber auszuschließen, obwohl diese streng genommen überhaupt nicht als Wechselerklärungen zu bezeichnen sind.

Hiernach ist zum Beispiel, wenn der Originalwechsel zum Akzept versandt und eine Kopie desselben zum Indossieren benutzt wird, die letztere zu versteuern, auch wenn von dem Originalwechsel die Steuer bereits entrichtet war. Desgleichen ist, falls mehrere Exemplare desselben Wechsels an verschiedene Personen indossiert werden sollten (Art. 67 Nr. 1 der Wechselordnung) jedes dieser Exemplare steuerpflichtig. Ferner muß ein nicht zum Umlauf bestimmtes Exemplar, wenn auf demselben eine **nicht auf das Umlaufsexemplar** gesetzte Bürgschaftserklärung abgegeben werden sollte, versteuert werden, und dasselbe gilt, falls ein Duplikat des Wechsels, nachdem das ursprünglich zum Umlauf bestimmte Exemplar verloren oder in unrechte Hände gekommen sein sollte, zur weiteren Übertragung benutzt wird usw. Der Zeitpunkt, bis zu welchem die Versteuerung in Fällen der vorerwähnten Art bewirkt werden muß um dem Erfordernis der Rechtzeitigkeit zu genügen, ist im § 9 im ersten Absatz bestimmt.

b) Die Steuerpflicht eines Duplikats tritt außerdem dann ein, wenn dasselbe ohne Auslieferung eines versteuerten Exemplars — letzteres mag verloren oder in unrechte Hände gegangen sein u. s. w. — bezahlt oder mangels Zahlung protestiert wird (§ 9 zweiter Absatz).

10. In betreff des Strafverfahrens und in allen übrigen Beziehungen wird auf die Bestimmungen des Gesetzes selbst verwiesen. Die festzusetzenden Geldbußen sind bis auf weiteres ebenso zu verrechnen, wie die auf Grund der bisherigen Stempelgesetze eingegangenen Wechselstempelstrafgelder.

2. Die auf die Handhabung eines Landesstempelgesetzes bezüglichen Vorschriften finden bei dem Wechselstempelgesetz keine Anwendung. Das gilt selbst von solchen Vorschriften, welche die Kompetenz in betreff verübter Zuwiderhandlungen regeln. Erk. des OT. 9. April 78. OR. **14** 269. Ein Bankdirektor und ein Bankrendant hatten sich durch Indossament am Umlauf eines mit nicht vorschriftsmäßig kassierter Stempelmarke versehenen Wechsels beteiligt. Bezüglich der Strafverfolgung gegen Beamte kommen hier nicht § 30 Absatz 3 des Stempelges. v. 7. März 22 und die KabO. v. 28. Okt. 36 und 23. Dezbr. 42 zur Anwendung, sondern lediglich die Strafbestimmungen des WStStG., welches im § 18 in betreff der Feststellung, Untersuchung und Entscheidung wegen Wechselstempelhinterziehung auf das Verfahren wegen Vergehen gegen die Zollgesetze verweist, d. i. §§ 33 ff. des Zollstrafges. v. 23. Jan. 38, bei welchem es § 165 des Vereinszollges. v. 1 Juli 69 beläßt. — Vgl. jetzt Gesetz betreffend das Verwaltungsstrafverfahren bei Zuwiderhandlungen gegen die Zollgesetze und die sonstigen Vorschriften über indirekte Reichs- und Landesabgaben v. 26. Juli 97; GS. S. 237.

3. FMR. v. 26. Aug. 73. CBl. S. 249: Der Bundesrat hat in der Sitzung vom 2. v. M. beschlossen, daß fortan die Dirigenten der Hauptämter befugt sein sollen, von der ihnen in Zollsachen zustehenden Befugnis, Anklageverhandlungen über Kleinigkeiten, bis zu 1 Taler Gefälle höchstens, auf sich beruhen zu lassen, auch bezüglich der Anklageverhandlungen wegen Wechselstempelhinterziehungen Gebrauch zu machen, falls offenbar nur Versehen vorliegen und die Absicht der Steuerhinterziehung ausgeschlossen ist. Die Absicht ist hierbei hauptsächlich dahin gegangen, dem Übelstande zu begegnen, daß auch wegen der geringsten Inkorrektheit bei Ausführung der Markenkassation ein Prozeß eingeleitet und die Defraudationsstrafe verhängt würde. Um den beabsichtigten Zweck zu erreichen, ohne die Sicherheit des Steuerinteresses zu gefährden, ist es notwendig, daß die Hauptamtsdirigenten sich mit dem Sinn und Zusammenhang der einzelnen Vorschriften über die Verwendung der Stempelmarken zu Wechseln genau vertraut machen, in jedem einzelnen Falle, wo die Abstandnahme von der Strafverfolgung in Frage kommt, die obwaltenden tatsächlichen Verhältnisse gewissenhaft und unparteiisch prüfen und von der ihnen erteilten Ermächtigung mit Umsicht Gebrauch machen. Die Hauptamtsdirigenten haben jeden derartigen Fall in einer besonderen tabellarischen Nachweisung unter kurzer Angabe des Tatbestandes der angezeigten Kontravention und der Motive für die Abstandnahme von der Strafverfolgung einzutragen und dieselbe in den nach den Umständen zu

bestimmenden periodischen Terminen (etwa halbjährlich) der vorgesetzten Provinzialbehörde vorzulegen. Letztere hat die Nachweisungen einer sorgfältigen Prüfung zu unterwerfen, wobei auch darauf zu achten bleibt, daß in den einzelnen Hauptamtsbezirken nicht offenbare Ungleichheiten Platz greifen, indem in dem einen ein sehr ausgedehnter, in dem andern ein sehr beschränkter Gebrauch von der in Rede stehenden Befugnis unter gleichartigen Verhältnissen gemacht wird. Seitens der Provinzialbehörden ist in den Erläuterungen zu der Prozeßstatistik dieser Gegenstand besonders zu berücksichtigen und über Anzahl der Fälle, in welchen die Abstandnahme stattgefunden hat, und die bezüglichen Wahrnehmungen das Geeignete anzuführen. — Vgl. jetzt den Allerhöchsten Erlaß v. 26. Sept. 97, in betreff der Übertragung von Strafniederschlagungs- und Strafmilderungsbefugnissen (GS. S. 402), die Allg. Verf. v. 6. Okt. 97 (CBl. S. 408) über die Weiterübertragung von Strafniederschlagungs- und Strafmilderungsbefugnissen in Zoll- und Steuersachen und über Vorlegung von Nachweisungen, und die Allg. Verf. v. 28. Mai 03 (CBl. S. 215) über die Bewilligung von Zahlungsausstand und Teilzahlungen.

4. FMR. v. 9. Sept. 70 betr. die allgemeine Verpflichtung der Gerichte zur Wahrnehmung des Bundesstempelinteresses. CBl. S. 365:

Die Strafe der Wechselstempelhinterziehung besteht ausschließlich in der im § 15 des Gesetzes vorgeschriebenen Geldbuße. Die etwaige Verpflichtung des Kontravenienten zur Nachentrichtung der zur Bundeskasse fließenden Wechselstempelabgabe ist weder Gegenstand der Strafentscheidung, noch bei der Prozeßgelderbuchung und -Verrechnung überhaupt zu berücksichtigen. Die Voraussetzung, daß der Kontravenient immer auch zur Nachentrichtung der Stempelabgabe verpflichtet sei, entbehrt der Begründung. Wenn der letzte Inhaber des Wechsels denselben versteuert hat, so sind nach § 11 des Gesetzes die Vordermänner zwar zur Strafe zu ziehen; von einer nochmaligen Einziehung der Steuer von einzelnen oder allen Vordermännern kann alsdann aber keine Rede sein. In diesem Betracht ist es mithin zufällig, ob neben der Einleitung des Strafverfahrens überhaupt noch die Einziehung des Stempels zu dem Wechsel zu betreiben ist oder nicht; unter allen Umständen wird die Steuerbehörde nur auf Grund der ihr im § 20 des Gesetzes hinsichtlich der Beaufsichtigung der Bundesstempelabgabe, nicht aber auf Grund der ihr im § 18 hinsichtlich der Untersuchung und Entscheidung der Wechselstempelhinterziehungen auferlegten Verpflichtungen und eingeräumten Rechte dafür zu sorgen haben, daß der hinterzogene Steuerbetrag, falls er nicht bereits von einem späteren Wechselinhaber entrichtet ist, der Bundeskasse zugeführt werde.

Wenn bei den Gerichten stempelpflichtige Wechsel vorkommen, welche noch nicht versteuert sind, so ist in betreff der Nachbringung der Steuer ebenso zu verfahren, wie wenn eine nach dem Preußischen Stempelgesetz stempelpflichtige Privaturkunde ohne den erforderlichen Stempel bei Gericht eingereicht wird, d. h. es ist seitens des Gerichts die Nachbringung des Stempels in natura zu verlangen und nötigenfalls zu erzwingen, das nachgebrachte Stempelmaterial aber zu der Urkunde zu kassieren.*)

Die Sorge für Nachbringung des fehlenden Stempels ist nicht etwa ein Ausfluß der Befugnis zur Festsetzung der Stempelstrafe, über welche im § 18 und 21 des WStStG. disponiert ist, sondern von letzterer durchaus

---

*) Die Gerichte haben jetzt nur noch eine Anzeigepflicht. § 106 des AusfGes. zum GerVerfGes. v. 24. April 78. § 30 Abs 3 des Ges. v. 31. Juli 95 und § 20 der allgemeinen Ausführungsverf. v. 29 Febr. 96 zu letzterem Gesetz.

unabhängig. Der § 21 regelt die Verpflichtung, begangene Stempelkontraventionen zu ermitteln und zur Anzeige zu bringen. Die dort angeordnete Prüfung der Versteuerung der bei den Gerichten vorkommenden Wechsel ist auch in denjenigen Fällen notwendig, wo unzweifelhaft eine nachträgliche Versteuerung nicht gefordert werden kann, weil z. B. der letzte Inhaber den Wechsel — § 11 des Gesetzes — bereits versteuert hat, wo aber dessenungeachtet die Vordermänner desselben die Strafe des § 15 verwirkt haben. Die Verpflichtung der Gerichte, den Vorschriften in den §§ 4 und 5 des Gesetzes entsprechend die nachträgliche Versteuerung eines noch unversteuerten Wechsels zu fordern, ist vielmehr ein Ausfluß der ihnen übertragenen Teilnahme an der allgemeinen Aufsicht über die Beobachtung der Stempelgesetze und der ihnen aufgelegten besonderen Verpflichtung, auf die Befolgung der Stempelgesetze zu halten.*)

Insofern es zur exekutivischen Einziehung des fehlenden Steuerbetrages kommen sollte, ist derselbe sofort zum Ankauf von Bundesstempelmarken wieder zu verausgaben und sind die letzteren event. auf der stempelpflichtigen Urkunde vor deren Wiederaushändigung zu befestigen und zu kassieren.

---

*) Die Zuständigkeit der Gerichte, im Verwaltungswege Stempelstrafen festzusetzen, ist seitdem durch § 106 des AusfGes. zum GerVerfGes. v. 24. April 78 (GS. 280) aufgehoben. Die Gerichte sollen aber die zu ihrer amtlichen Kenntnis gelangenden Zuwiderhandlungen gegen die Stempelgesetze bei der für die Untersuchung und Straffestsetzung zuständigen Behörde zur Anzeige bringen. — Vgl. auch Allg. Verf. des Justizministers v. 29. Febr. 96. § 20 Abs. 1 (JMBl. 68 ff.) zur Ausführung des Preuß. Stempelsteuerges. v. 31. Juli 95 und § 30 Abs. 3 dieses letzteren Ges.

In dem als möglich bezeichneten, wenn auch unwahrscheinlichen Falle, daß armutshalber der fehlende Steuerbetrag nicht ganz sollte beigetrieben werden können, muß der wirklich beigetriebene Betrag in Marken verwendet werden. Sollte beispielsweise auf einen schuldigen Steuerbetrag von 4 Sgr. 6 Pf. nur 3 Sgr. 9 Pf. beizutreiben sein, so möchte der in Marken nicht darstellbare Betrag dem Steuerpflichtigen belassen oder herausgegeben werden, da besondere Anordnungen für dergleichen Fälle nicht erlassen sind und auch nicht als Bedürfnis angesehen werden können.

Chronologisches Register.

Sachregister
zum Wechselstempelsteuergesetz.

Die Zahlen bezeichnen die Seiten.

W. = Wechsel; WSt. = Wechselstempel; WStStG. = Wechselstempelsteuergesetz.

A.

(Die Zahlen bezeichnen die Seiten.)

Q.

R.

S.

(Die Zahlen bezeichnen die Seiten.)

T.

U.

V.

(Die Zahlen bezeichnen die Seiten.)

Druck von A. W. Hayn's Erben, Berlin und Potsdam.

Verzeichnis

der

Guttentag'schen Sammlung Deutscher Reichs- und Preussischer Gesetze

Text-Ausgaben

mit Anmerkungen u. Sachregister

Guttentag'sche Sammlung

Deutscher Reichsgesetze.

Text-Ausgaben mit Anmerkungen. Taschenformat.

1. **Verfassung** des Deutschen Reichs. Gegeben Berlin, den 16. April 1871. Von Dr. **L. von Rönne.** Neunte Auflage von Landrath **Paul von Rönne.** 2 M. 40 Pf.

2. **Strafgesetzbuch** für das Deutsche Reich. Nebst den gebräuchlichsten Reichs-Strafgesetzen: Presse, Entziehung elektrischer Arbeit, Kranken-, Unfall-, Invalidenversicherung, Gewerbeordnung, unlauterer Wettbewerb, Depot- und Börsengesetz, gewerbliche Kinderarbeit u. s. w. Von Dr. **H. Rüdorff.** Einundzwanzigste Auflage von Dr. **H. Appelius,** Kammergerichtsrath. 1 M. 20 Pf.

3. **Militärstrafgerichtsordnung** nebst Einführungsgesetz und Gesetz, betreffend die Dienstvergehen der richterlichen Militärjustizbeamten und die unfreiwillige Versetzung derselben in eine andere Stelle oder in den Ruhestand. Bearbeitet von Dr. **Paul Herz,** Senatspräsident am Reichsmilitärgericht. Dritte Auflage. 4 M.

   Militär-**Strafgesetzbuch** s. RG. Nr. 67.

4. **Handelsgesetzbuch vom 10. Mai 1897** unter Ausschluß des Seerechts. Mit den ergänzenden Vorschriften des Bürgerlichen Gesetzbuchs und Erläuterungen herausgegeben von **F. Litthauer,** Justizrath. Dreizehnte Auflage herausgegeben von Geh. Justizrat Prof. Dr. **A. Mosse,** Oberlandesgerichtsrath. 3 M.

5. Allgemeine Deutsche **Wechselordnung.** Achte Auflage von Justizrath Dr. **J. Stranz** und Rechtsanwalt Dr. **M. Stranz,** und das Reichsgesetz über die **Wechselstempelsteuer.** Von Regierungsrath **P. Loeck.** Siebente Auflage. 3 M.

6. **Gewerbeordnung** für das Deutsche Reich nebst allen Ausführungsbestimmungen. Ursprünglich herausgegeben von **T. Ph. Berger** und Dr. **L. Wilhelmi.** Sechszehnte Auflage bearbeitet von Oberverwaltungsgerichtsrath **H. Spangenberg.** 3 M.

7. Die deutsche **Post- und Telegraphen-Gesetzgebung.** Nebst dem Weltpostvertrag und dem internationalen Telegraphenvertrag. Von Wirkl. Geh. Rath Dr. **Fischer.** Fünfte Auflage bearbeitet von Geh. Postrath Dr. **M. König.** 3 M.

8. Die Reichsgesetze über den **Unterstützungswohnsitz** in der Fassung der Novelle vom 12. März 1894, **die Freizügigkeit, den Erwerb und Verlust der Bundes- und Staatsangehörigkeit,** nebst allen landesgesetzlichen Bestimmungen. Von Geheimrath Dr. **J. Krech,** Mitglied des Bundesamtes für das Heimathwesen. Fünfte Auflage. 2 M. 70 Pf.

9a. Sammlung **kleinerer privatrechtlicher Reichsgesetze.** Von **F. Vierhaus.** Zweite Auflage in Vorbereitung.

9. Sammlung **kleinerer strafrechtlicher Reichsgesetze.** Mit den Entscheidungen des Reichsgerichts bearbeitet von **M. Werner,** Geh. Ober-Regierungsrath. Zweite Auflage. 3 M.

Inhalt: Inhaberpapiere — Presse — Personenstand — Urheberrechtsgesetzgebung — Rinderpest — Nahrungs- und Genußmittel — Sprengstoff — Feingehalt von Gold- und Silberwaaren — Patentgesetz — Handfeuerwaffen — Gebrauchsmusterschutz — Militärische Geheimnisse — Waarenbezeichnung — unlauterer Wettbewerb — Auswanderung — Margarine — Wein — Sklavenraub — Fleischbeschau — Reichsseuchengesetz — Süßstoff — Reichskassenscheine.

10. Das **Reichsbeamtengesetz** vom 31. März 1873 und seine Ergänzungen. Erläutert von **J. Pieper,** Geh. Ober-Regierungsrath. Zweite Auflage. 4 M. 50 Pf.

11 **Zivilprozeßordnung mit Gerichtsverfassungsgesetz** in den neuesten Fassungen. Unter besonderer Berücksichtigung der Entscheidungen des Reichsgerichts herausgegeben mit Anmerkungen zunächst von **R. Sydow,** Unterstaatssekretär, weiter bearbeitet von **L. Busch,** Kammergerichtsrath. Zehnte Auflage. 8°. 6 M.

Dieser Band ist in größerem Format erschienen!

12. **Strafprozeßordnung und Gerichtsverfassungsgesetz** nebst dem Gesetz, betreffend die Entschädigung der im Wiederaufnahmeverfahren freigesprochenen Personen. Von Dr. **A. Hellweg,** Reichsgerichtsrath. Dreizehnte Auflage. 2 M

13. **Konkursordnung und Anfechtungsgesetz.** Unter besonderer Berücksichtigung der Entscheidungen des

Reichsgerichts herausgegeben mit Anmerkungen von **R. Sydow** u. **L. Busch.** Neunte Auflage 2 M. 25 Pf

14. **Gerichtsverfassungsgesetz** mit Einführungsgesetz. Herausgegeben von **R. Sydow** und **L. Busch.** Neunte Auflage. 1 M. 50 Pf.

15. Das **Deutsche Gerichtskostengesetz** nebst den Gebührenordnungen für Gerichtsvollzieher, Zeugen und Sachverständige. Herausgegeben mit Anmerkungen und Kostentabellen von **R. Sydow** u. **L. Busch.** Siebente Auflage. 1 M. 80 Pf.

16. **Rechtsanwaltsordnung.** Von **R. Sydow.** Vierte Auflage von Dr **E. Mosler.** 1 M. 20 Pf.

17. Die **Deutsche Gebührenordnung für Rechtsanwälte und das Preußische Gebührengesetz** vom 27 September/6 Oktober 1899. Von **R. Sydow** und **L. Busch.** Siebente Auflage. 1 M. 60 Pf.

18. **Reichsstempelgesetz (Börsensteuergesetz)** v. 14. Juni 1900, mit den Ausführungsbestimmungen, einem Auszug aus den Gesetzes-Materialien und den Entscheidungen der Verwaltungsbehörden und des Reichsgerichts. Achte Auflage von **P. Loeck,** Regierungsrath. 3 M. 30 Pf

19. Die **Seegesetzgebung.** Nebst den Entscheidungen des Reichsoberhandelsgerichts, des Reichsgerichts und der Seeämter. Von Dr **W. E. Knitschky.** Dritte Auflage bearbeitet von Oberlandesgerichtsrath **Otto Rudorff** in Hamburg. 4 M. 50 Pf.

20. **Krankenversicherungsgesetz.** Von weil. Dr. **E. von Woedtke,** Direktor im Reichsamte des Innern. Elfte Auflage bearbeitet von Dr **G. Eucken-Addenhausen,** Geh. Reg.-Rath und vortr. Rat im Reichsamte des Innern. 3 M.

21. Die **Konsulargesetzgebung.** Von Professor Dr. **Ph. Zorn.** Zweite Auflage. 3 M.

22a. **Patentgesetz.** Nebst Ausführungsbestimmungen, völkerrechtlichen Verträgen und der Patentanwalts-Ordnung unter eingehender Berücksichtigung der Rechtsprechung des Reichsgerichts und der Praxis des Patentamts. Erläutert von Prof. Dr. **R. Stephan,** Geh. Reg.-Rath, Mitglied des Kaiserlichen Patentamts. Sechste Auflage. 2 M.

22b. Gesetz zum **Schutz der Waarenbezeichnungen.** Nebst Ausführungsbestimmungen. Von Dr **R. Stephan,** Geh. Reg.-Rath, Mitglied des Kaiserlichen Patentamts Vierte Auflage. 1 M.

23. **Gewerbe-Unfallversicherungsgesetz.** Von weil. Dr. **E. v. Woedtke.** Achte neubearbeitete Auflage von **Franz Caspar,** Direktor im Reichsamt des Innern. 2 M. 50 Pf.

24. **Aktiengesellschaft und Kommanditgesellschaften auf Aktien.** (Handelsgesetzbuch, II. Buch, Abschnitt 3 und 4.) Mit Anmerkungen von **H. Keyssner,**

Kammergerichtsrath und Dr. **H. Veit Simon,** Rechtsanwalt. Fünfte Auflage. Bearbeitet von Dr. **Hugo Keyssner** und **L. Keyssner.** 2 M. 25 Pf.

25. Reichsgesetz wegen **Erhebung der Brausteuer** vom 31. Mai 1872 mit Ausführungsvorschriften. Von **E. Bertho,** Regierungsrath. 1885. 1 M. 60 Pf.

26. Die Reichsgesetzgebung über **Münz- und Notenbankwesen,** Papiergeld, Prämienpapiere und Reichsschulden. Von Dr. jur. **R. Koch,** Präsident des Reichsbankdirektoriums. Fünfte Auflage. 3 M.

27. Die Gesetzgebung, betr. das **Gesundheitswesen** im Deutschen Reich für Behörden, Aerzte rc. Von Dr. jur. **C. Goesch** und Dr. med. **J. Karsten.** 1888. 1 M. 60 Pf.

28. **Bau-Unfallversicherungsgesetz.** Vom 30. Juni 1900 Von **R. Chrzescinski,** Kaiserl. Regierungsrath. Dritte Auflage. 2 M.

29. Reichsgesetz, betr. die **Erwerbs- und Wirthschaftsgenossenschaften.** Von **L. Parisius** und Dr. **H. Crüger.** Elfte Auflage bearbeitet von Dr. **H. Crüger.** 1 M. 50 Pf.

30. **Invalidenversicherungsgesetz** vom 13. Juli 1899. Von weil. Dr. **E. v. Woedtke.** Neunte Auflage bearbeitet von Regierungsrat **H. Follmann.** Im Druck.

31 **Gewerbegerichtsgesetz.** Von Stadtrath **L. Mugdan.** Fünfte Auflage bearbeitet von **W. Cuno,** Erstem Bürgermeister zu Hagen i. W. 2 M.

32. Reichsgesetz, betr die **Gesellschaften mit beschränkter Haftung.** Von **L. Parisius** und Dr. **H. Crüger.** Achte Auflage. 1 M. 40 Pf.

33. Das **Vereins- und Versammlungsrecht** in Deutschland. Von Dr. **E. Ball,** Rechtsanwalt. 2 M. 25 Pf.

34. Reichsgesetz, betreffend die **Abzahlungsgeschäfte.** Vom 16. Mai 1894. Von **J. Hoffmann.** Zweite vermehrte Auflage besorgt von Dr. **E. Wilke,** Landgerichtsrath. 1 M. 20 Pf.

35. Die **Reichs-Eisenbahngesetzgebung.** Von **W. Coermann,** Kaiserl. Amtsrichter. 1895. 2 M. 25 Pf.

36. Gesetze, betr. die **privatrechtlichen Verhältnisse der Binnenschifffahrt und der Flößerei.** Erläutert von **H. Makower.** Dritte Auflage bearbeitet von **E. Löwe,** Landgerichtsrath. 3 M.

37. Gesetz zur **Bekämpfung des unlauteren Wettbewerbes.** Vom 27. Mai 1896. Von Dr. **R. Stephan,** Geh. Regierungsrath. Dritte Auflage. 1 M.

38/39. **Bürgerliches Gesetzbuch nebst Einführungsgesetz.** Nach dem Tode des ursprünglichen Herausgebers Reichsgerichtsraths a. D. Dr. **A. Achilles** in Verbindung mit Professor Dr. **André,** Landrichter

Ritgen, Landrichter **Strecker,** Ober=Regierungsrath Dr. **Unzner** herausgegeben von Geh. Ober=Justizrath **Greiff.** Vierte Auflage. 8° 6 M. 50 Pf.
Dieser Band ist in größerem Format erschienen!

40. Gesetz, betr. die **Pflichten der Kaufleute bei Aufbewahrung fremder Werthpapiere (Depotgesetz).** Mit Erläuterungen. Von **F. Lusensky,** Geh. Ober=Regierungsrath. Zweite Auflage. 1 M.

41 **Börsengesetz.** Vom 22. Juni 1896. Nebst Ausführungsbestimmungen. Unter Mitwirkung des Direktors im Reichsamt des Innern **A. Wermuth** bearbeitet von Regierungsrath **H. Brendel.** 1 M. 50 Pf.

42. **Grundbuchordnung** nebst den preußischen Ausführungsbestimmungen Mit Einleitung. Von Professor Dr. **O. Fischer.** Dritte Auflage. 2 M. 25 Pf.

43 Die Gesetzgebung, betr. die **Zwangsvollstreckung in das unbewegliche Vermögen** im Reiche und in Preußen. Mit Einleitung, Kosten= und Gebührentabellen. Von Dr. **J. Krech,** Kaiserl. Geh. Regierungsrath und Professor Dr. **O. Fischer.** Vierte Auflage. 2 M.

44. Das Reichsgesetz über das **Auswanderungswesen** vom 9. Juni 1897 nebst Ausführungsverordnungen und Anlagen. Unter Benutzung amtlicher Quellen. Von Professor Dr. **Felix Stoerk.** 2 M. 25 Pf.

45. Das **Entmündigungsrecht** unter Berücksichtigung der für Preußen geltenden Vorschriften nebst der preußischen Justiz-Ministerial-Verfügung vom 28. November 1899. Text der civil- und prozeßrechtlichen Bestimmungen mit Erläuterungen von Landgerichtsrath Dr. **P. Koll** in Cöln. 1 M. 50 Pf.

46. Die Gesetze des Reiches und Preußens über die **freiwillige Gerichtsbarkeit.** Mit Einleitung von **Herm. Jastrow,** Amtsgerichtsrath. Dritte Auflage. 3 M.

47. Das **deutsche Vormundschaftsrecht** und das preuß. Gesetz über die Fürsorgeerziehung Minderjähriger nebst den dazu gehörigen preußischen Nebengesetzen. Mit Einleitung und Erläuterungen von **Max Schultzenstein,** Oberverwaltungsgerichtsrath und Amtsgerichtsrath Dr. **Paul Köhne.** Zweite Auflage 3 M.

48. Gesetze und Verordnungen, betr. den **Drogen-, Gift- und Farbenhandel** außerhalb der Apotheken. Von Dr. **Broh,** Rechtsanwalt. 1 M. 25 Pf.

49. Deutsche **Kolonialgesetzgebung.** Von Professor Dr. **Philipp Zorn.** 4 M. 50 Pf.

50. Der **Viehkauf** (Viehgewährschaft) nach dem Bürgerlichen Gesetzbuche. Mit Erläuterungen von Rechtsanwalt Dr. **H. Stölzle.** Nebst Verordn. betr. die Hauptmängel und Gewährsfristen beim Viehhandel. Von **H. Weiskopf,** Königl. Kreisthierarzt in Augsburg. Dritte Auflage. 3 M.

51. **Hypothekenbankgesetz** vom 13. Juli 1899. Von Dr. **H. Göppert**, Gerichts-Assessor. 1 M. 80 Pf.

52. Gesetz, betreffend die gemeinsamen **Rechte der Besitzer von Schuldverschreibungen.** Von Dr. **Heinrich Göppert,** Gerichts-Assessor. 2 M.

53. **Reichspreßgesetz** vom 7. Mai 1874 nebst den einschlägigen Bestimmungen des Strafgesetzbuchs, der Gewerbeordnung 2c. Kommentar von **A. Born,** Polizeiassessor. 1 M. 50 Pf.

54. Die Reichsgesetzgebung über den Verkehr mit **Nahrungsmitteln, Genußmitteln** und **Gebrauchsgegenständen.** Von Dr. **Georg Lebbin,** Nahrungsmittelchemiker. 2 M. 25 Pf.

55. Das Recht der **Beschlagnahme von Lohn- und Gehaltsforderungen.** Auf Grundlage der Reichsgesetze vom 21. Juni 1869 u. 29. März 1897 und der Civilprozeßordnung. Von Rechtsanwalt **Georg Meyer.** Zweite Auflage. 2 M.

56. Gesetz, betr. die **Bekämpfung gemeingefährlicher Krankheiten.** Nebst Ausführungsbestimmungen. Von Dr. **Bruno Burkhardt,** Regierungsrath, Mitglied des Kais. Gesundheitsamts. 1 M. 40 Pf.

57. **See-Unfallversicherungsgesetz.** Von **Dr. Max Mittelstein,** Oberlandesgerichtsrath in Hamburg. 2 M.

58. **Das Recht der unehelichen Kinder.** Ausgabe aller einschlägigen Bestimmungen des B.G.B. Von **Hermann Jastrow,** Amtsgerichtsrath. 1 M. 80 Pf.

59 Reichsgesetz über die **Beurkundung des Personenstandes und die Eheschließung.** Von Dr. **F. Fidler,** Amtsgerichtsrath. 1 M. 80 Pf.

60. Gesetz, betreffend das **Urheberrecht an Werken der Litteratur und der Tonkunst.** Von Gerichtsassessor **Otto Lindemann.** 1 M. 50 Pf.

61. Gesetz über das **Verlagsrecht.** Von Justizrath **Ernst Heinitz.** 1 M. 50 Pf.

62. Gesetz über die **privaten Versicherungsunternehmungen.** Von **H. Könige,** Ob.-Landsger.-Rath. 3 M.

63. **Gesetzestafel des Deutschen Reichsrechts.** Systematisch geordnete Nachweisung des z. Z. geltenden Reichsrechts. Ergänzungsband zu der Guttentag'schen Sammlung Deutscher Reichsgesetze. Von **Hugo Bruhns,** Syndikus. 2 M. 50 Pf.

64. Gesetzsammlung betr. den **Handel mit Drogen und Giften.** Reichsgesetzl. Bestimmungen und Anhang mit den landesgesetzl. Verordnungen sämmtlicher Bundesstaaten. Von Rechtsanwalt **H. Sonnenfeld,** Syndikus der Berliner Drogisten-Innung. 3 M.

65. Das **Weingesetz** vom 24. Mai 1901. Mit Ausführungsbestimmungen erläutert von Dr. **Georg Lebbin,** Handels- und Gerichtschemiker zu Berlin 1 M. 50 Pf.

66. **Die Eisenbahn-Gesetzgebung.** Von **W. Pietsch,** Geh. exp. Sekretär im Reichs-Eisenbahn-Amt. 5 M.

67. **Militär-Strafgesetzbuch.** Mit den Entscheidungen des Reichs-Militärgerichts von Dr. **Paul Herz,** Senats-Präsident am Reichs-Militärgericht und Kriegsgerichtsrath Dr. **Georg Ernst.** 3 M.

68. **Das Fleischbeschaugesetz.** Vom 3. Juni 1900. Mit Ausführungsges. u. Verordnungen im Reiche und in Preußen. Von Dr. **Georg Lebbin,** Gerichtschemiker und Rechtsanwalt Dr. **Georg Baum.** 4 M.

69. Reichsgesetz über die **Naturalleistungen der bewaffneten Macht im Frieden** nebst den zugehörigen in Preußen geltenden Bestimmungen. Von Regierungsassessor Dr. **Walter v. Hippel.** 1 M. 25 Pf.

70. **Das Reichs-Haftpflichtgesetz,** betr. die Verbindlichkeit zum Schadensersatz für die bei dem Betriebe von Eisenbahnen, Bergwerken, Steinbrüchen, Gräbereien und Fabriken herbeigeführten Tödtungen und Körperverletzungen, vom 7. Juni 1871. Von Regierungsrath Dr. **G. Eger.** Preis 3 M.

71. **Kinderarbeit in gewerblichen Betrieben,** v. 30. März 1903. Nebst der Preuß. Ausführ.-Anw. v. 30. Nov. u. d. Bek. des Reichskanzlers v. 17. Dez. 1903. Von **H. Spangenberg,** Oberverwaltungsgerichtsrath. Zweite vermehrte Auflage. 1 M. 60 Pf.

72. **Unfallversicherungsgesetz für Land- und Forstwirtschaft** vom wirkl. Geh. Rat Dr. **E. von Woedtke**, fortgesetzt von Dr. **Alfred Radtke**, Geh. Regierungsrat und Senatspräs. im Reichsversicherungsamt. 4 M. 50 Pf.

73. **Entschädigung für unschuldig erlittene Verhaftung und Bestrafung.** Nebst Anhang, enth. die dazu gehörigen Nebengesetze über Schadensersatz. Von Dr. jur. **A. Romen**, Geh. Kriegsrat und vortr. Rat im Kriegsministerium. 2 M.

74. Die **Kaufmannsgerichte** nebst den preuß. Ausführungsbestimmungen. Von Dr. **Max Apt**, Syndikus der Korporation der Berliner Kaufmannschaft. Dritte Auflage. 2 M.

Daraus einzeln: **Preuß. Ausführungsbestimmungen.** 50 Pf.

75. Reichsgesetz über die **Konsulargerichtsbarkeit.** Erläutert von Dr. iur. **A. F. Vorwerk**, Rechtsanwalt in Schanghai. 2 M.

76. **Die Rechtshilfe im Verkehr mit den ordentlichen Gerichten nach deutschem Reichsrecht.** Zusammenstellung aller in Betracht kommenden Gesetzesstellen. Von Landrichter Dr. **A. Friedländer.** ca. 2 M.

Guttentag'sche Sammlung

Preußischer Gesetze.

Text-Ausgaben mit Anmerkungen. Taschenformat.

---

1. Die **Verfassungs-Urkunde** für den Preußischen Staat. Mit Einleitung, vollständigem Kommentar. Von Prof. Dr. **Adolf Arndt.** Fünfte Auflage. 3 M.

2. Preußische **Beamten-Gesetzgebung.** Enthaltend die wichtigsten Beamtengesetze in Preußen. Von **C. Pfafferoth.** Vierte, neubearbeitete Auflage. 2 M.

3. **Die Aufnahme des Notteſtaments** durch die bestellten besonderen Urkundspersonen. Anweisung vom 15. März 1904. Erläutert mit Musterbeispielen und einem Abriß des Erbrechts von Amtsgerichtsrath **C. Kurtz.** 1 M. 50 Pf.

4. **Gebührenordnung** für **Notare** vom 25. Juni 1895 nebst den einschlägigen Vorschriften des Preußischen Gerichtskostengesetzes. Von **R. Sydow.** Zweite Auflage bearbeitet von Dr. **E. Mosler,** Gerichtsassessor. 1 M. 50 Pf.

5. Gesetz vom **24. April 1854 (betr. die außereheliche Schwängerung).** Von Dr. **Schulze.** 75 Pf.
Gültiges Recht siehe: Reichsgesetze Nr. 58.

6. Die Preuß. **Ausführungsgesetze und Verordnungen zu den Reichs-Justizgesetzen.** Von **R. Sydow.** Dritte vermehrte Auflage. 1895. 2 M. 40 Pf.

Siehe Seite 21, Busch, Ausführungsgesetze.

7. **Allg. Gerichtsordnung** vom 6. Juli 1793 und Preuß. **Konkursordnung** vom 8. Mai 1885. Von **F. Vierhaus,** Geh. Ober-Justizrath. Vergriffen.

8. **Vormundschaftsordnung.** Von **F. Schultzenstein.** Gültiges Recht siehe: Reichsgesetze Nr. 47.

9. Die Preußische **Grundbuchgesetzgebung.** Von Prof. Dr. **Fischer.** Vergriffen. Siehe: Reichsgesetze Nr. 42.

10. **Einkommensteuergesetz.** Von **A. Fernow,** Geh. Finanzrath. Fünfte Auflage. 2 M. 50 Pf.

11. **Gewerbesteuergesetz.** Von **A. Fernow,** Geh. Finanzrath. Vierte, vermehrte u. verbesserte Auflage. 2 M.

12. **Allgemeines Berggesetz** für die preußischen Staaten und die auf dasselbe bezügl. Gesetze u. Verordnungen. Von **E. Engels.** Dritte Auflage. In Vorbereitung.

13. **Ergänzungssteuergesetz** (Vermögenssteuergesetz). Von **A. Fernow,** Geh. Finanzrath. Dritte vermehrte Auflage. 1 M. 50 Pf.

14. **Kommunalabgabengesetz.** Vom 14. Juli 1893 und Gesetz wegen Aufhebung direkter Staatssteuern. Von Dr. **F. Adickes,** Oberbürgermeister. Dritte Auflage. 1 M. 50 Pf.

15. Die **Kreisordnungen** für den Preußischen Staat. Von **O. Kolisch**, Landgerichtsrath. 1894. 4. M.

16. **Concessionirung gewerblicher Anlagen.** Preuß. Ausführungs-Anweisung zu §§. 16 u. ff. der Gewerbe-Ordnung. Von Dr. **W. v. Rüdiger,** Geh. Regierungs- u. Gewerberath. Zweite Auflage. 2 M.

17 Preußisches **Gerichtskostengesetz.** Mit Kostentabellen. Von Dr. **P. Siméon,** Landrichter. Vierte Auflage. 2 M. 25 Pf.

18. Preußisches **Stempelsteuergesetz** vom 31. Juli 1895. Mit den gesammten Ausführungsbestimmungen und vollständigen Tabellen. Von **P. Loeck,** Regierungsrath. Fünfte Auflage. 5 M.

Dieser Band ist in größerem Format erschienen.

19. Das **Jagdscheingesetz.** Mit ausführlichen Erläuterungen nebst der Ausführungsverfügung. Von **F. Kunze,** Wirklichem Geh. Ober-Regierungsrath. Zweite Auflage. 2 M.

20. Die **preußischen Erbschaftssteuergesetze.** Unter Berücksichtigung der Novelle vom 31 Juli 1895. Von **U. Hoffmann,** Geh. Registrator im Königl. preuß. Finanzministerium. 4 M.

21. Gesetz über die **Handelskammern.** Vom 19 August 1897. Mit Erläuterungen von **F. Lusensky,** Geh. Regierungsrath. 3 M.

22. Gesetz, betr. **Anstellung und Versorgung der Kommunalbeamten.** Mit Ausführungsanweisung. Von Dr. **W. Ledermann,** Magistratsassessor zu Berlin 1 M. 25 Pf.

23. **Ausführungsgesetz zum Bürgerlichen Gesetzbuche.** Von Landrichter Dr. **P. Siméon.** 2. Aufl. 1 M. 80 Pf.

24. Die **Hinterlegungsordnung** in der Fassung des Ausführungsgesetzes z. B.G.B. v. 20. Sept. 1899 nebst Ausführungsbestimmungen. Von Regierungsassessor Dr. **Georg Bartels.** 1 M. 50 Pf.

25. **Preußische Kommunalbeamtengesetzgebung.** Von Magistratsassessor Dr. **Fr. Kremski,** Berlin. 3 M.

26. Die Preußischen Gesetze über das **Diensteinkommen der Lehrer und Lehrerinnen, ihren Ruhegehalt und die Fürsorge für ihre Hinterbliebenen,** sowie einer Tabelle zur Berechnung der Ruhegehalts-, Wittwen- und Waisenbezüge. Von Dr **Ed. Cremer,** Beigeordneter. 2 M. 40 Pf

27. Gesetz, betreffend die **Waarenhaussteuer.** Von Geh. Ober-Finanzrath Dr. **G. Strutz.** 1 M. 20 Pf.

28. Gesetz über die **Fürsorgeerziehung Minderjähriger.** Nebst Ausführungsanweisungen. Von Landgerichtsrath Dr. **P. F. Aschrott.** 2 M. 80 Pf.

29. Gesetz, betr. **die ärztlichen Ehrengerichte, das Umlagerecht und die Kassen der Aerztekammern.** Von Amtsgerichtsrath Dr. **Fidler.** 1 M. 50 Pf.

30. Die das **Preußische Staatsschuldbuch** und **Reichsschuldbuch** betr. Gesetze nebst Ausführungsbestimmungen. Von Wirkl. Geh. Ober-Finanzrath **J. Mücke,** Mitglied der Staatsschuldenverwaltung. 2 M.

31 a. **Die geltenden Preußischen Gesindeordnungen.** Herausgegeben in zwei Bänden von **Stephan Gerhard,** Rechtsanwalt in Berlin.

Band I: Gesindeordnung für die altpreußischen Provinzen vom 8. XI. 1810, mit Erläuterungen unter Berücksichtigung der Ergänzungsgesetze und der Rechtsverhältnisse der Gesindevermiether, sowie die Gesindeordnung für Neuvorpommern und Rügen und für die Rheinprovinz. 2 M. 50 Pf.

31b. **Band II:** Gesindeordnungen für Hannover, Schleswig-Holstein, Hessen-Nassau und den Regierungsbezirk Hohenzollern. 2 M. 50 Pf.

32. **Die Städteordnung für die sechs östlichen Provinzen** Preußens vom 30. Mai 1853 nebst ihren gesetzlichen Ergänzungen. Von **Dr. jur. Walter Ledermann,** Magistrats-Assessor zu Berlin. 6 M.

Dieser Band ist in größerem Format erschienen!

33. **Rentenguts- und Anerbenrechts-Gesetzgebung in Preußen.** Von Landgerichtsrath **M. Peltasohn** und Rechtsanwalt **Bruno Peltasohn.** 3 M.

34. Sammlung der wichtigsten **Preußischen Strafgesetze** nebst Anhang: Gesetz betr. polizeiliche Strafverfügungen vom 23. April 1883. Von **Otto Lindemann,** Amtsrichter. 2 M. 50 Pf.

Inhalt: Mobiliar-Feuerversicherung — Chausseegeld — Jagdpolizei — Jagdschein — Wild-Schonzeit — Fischerei — Versammlungs- u. Vereinigungsrecht — Belagerungszustand — Gesindedienstpflichten — Mineraliengewinnung und -Aneignung — Schlachthäuser — Dampfkesselbetrieb — Wandergewerbebetrieb — Reblausverbreitung — Forstdiebstahl — Wald- u. Wassergenossenschaften — Feld- u. Forstpolizei — Lotteriespiel — Verkehrsabgaben — Landestrauer.

35. **Geschäftsordnung für Gerichtsvollzieher.** Gerichtsvollzieherordnung und Gebührensätze von Amtsgerichtssekretär a. D. **Emil Exner.** 3 M. 50 Pf.

36. Die Gesetzgebung über **Polizeiverordnungen in Preußen** von **Otto Lindemann,** Amtsrichter in Köslin. 1 M. 50 Pf.

37. Gesetz über die **Enteignung von Grundeigentum** vom 11. Juni 1874 von Landrichter **O. Meyer.** 2 M.

Könige, H., Oberlandesgerichtsrath. Handelsgesetzbuch vom 10. Mai 1897 nebst Abdruck des Gesetzes über die Angelegenheiten der freiwilligen Gerichtsbarkeit und Gerichtsverfassungsgesetz (Titel 7, Kammern für Handelssachen). 8°. Geb. in ganz Leinen 4 M. 50 Pf.

Telegraphenwege-Gesetz vom 18. Dezember 1899 nebst den vom Reichskanzler erlassenen Ausführungsbestimmungen vom 26. Januar 1900 und den Erläuterungen und Ausführungsanweisungen des Reichs-Postamts. Amtliche Ausgabe. 8°. Geb. in ganz Leinen 1 M.

Wilhelmi, Dr. L., Das Handwerkergesetz vom 26. Juli 1897. Mit Einleitung und Bemerkungen unter besonderer Berücksichtigung der Ausführungs-Anweisungen der größeren Bundesstaaten. Geb. in ganz Leinen 6 M.

Winter, Dr. Paul, Landrichter. **Bürgerliches Gesetzbuch nebst Einführungsgesetz** unter Einfügung der preußischen Ausführungsbestimmungen. Zweite Ausgabe. 8°. Preis geb. in ganz Leinen 3 M.

Wie leitet man eine Versammlung? Geschäftlicher Handweiser für Vorsitzende. Von einem Mitgliede des Deutschen Reichstags und des Preußischen Abgeordnetenhauses. kl. 8°. Preis in elegantem Einbande 1 M.

Schlagwort-Register.

N. = Nummer der Sammlung Deutscher Reichsgesetze.
P. = Nummer der Sammlung Preußischer Gesetze.
S. = Seite.

FSC
www.fsc.org
MIX
Papier | Fördert gute Waldnutzung
FSC® C083411

Kolibri 360 GmbH
Ferdinand-Jühlke-Straße 7
99095 Erfurt, Deutschland
produktsicherheit@kolibri360.de